(467e) CATALOGUE

De la belle Collection

De Feu M. Émile MICHELOT, de Bordeaux

3e VENTE

ESTAMPES

DU

XVIIIe SIÈCLE

Aérostats — Contes de La Fontaine, in-fol., Incroyables et Merveilleuses, etc.

DONT LA VENTE AURA LIEU

HOTEL DES COMMISSAIRES-PRISEURS

RUE DROUOT, 9, SALLE N° 4

AU PREMIER ÉTAGE

Du Lundi 17 au Samedi 22 Janvier 1881

A UNE HEURE PRÉCISE

COMMISSAIRES-PRISEURS :

Me Paul PERROT, rue du 29-Juillet, 11

Me Maurice DELESTRE, rue Drouot, 27

ASSISTÉS DE

M. VIGNÈRES, Marchand d'Estampes,

rue de la Monnaie, 21, à l'entre-sol.

CHEZ LEQUEL SE DISTRIBUE LE CATALOGUE

EXPOSITION PUBLIQUE

Le Dimanche 16 Janvier 1881, de 1 heure à 4 heures.

PARIS — 1881

5479	5388
5243	5251
	5630
	6431 50
	6539
	5903
	35,142 50

	fr.	c.	fr.	c.	fr.	c.
850 catalogues aff. à 15c	127	50			35,142	50
Honoraires 10 %	3514	25				
1000 catalogues imprimés	1130	..				
100 affiches colombier affet.	52	..				
1,137 ½ flle Montage à 15	17	55				
X, 311 flle Montage à 25	77	75				
✱ 18 à 35	6	30				
34 remontées sur des feuilles de la collection [illegible], Jouin[?]	1	70	4927	05		
Insertions au moniteur des Ventes			35	20		
Déclaration de Vente			1	60		
Timbre du Procès verbal			18			
Enregistrement			882	75		
Honoraires de Mr P. Perrot [illegible]			1,107			
Versement en Bourse commune			1,107			
Clerc et Crieurs 6 jours			92			
Location de la Salle No 4. 7 jours			279	20		
Transport à l'hotel			10			
7 Journées du Commissionnaire et gratification			45			
			8,504	80		
Déduire les 5 % des acquereurs			1757	15	6747	65
Déduire 467e Vente 89.25					28,394	85
Frais du cheque de la 466e 7.65					96	90
					28,297	95
les objets non vendables					30	..
					28,327	95

(467e) CATALOGUE

De la belle Collection

De Feu M. Émile MICHELOT, de Bordeaux

3e VENTE

ESTAMPES

ŒUVRES DES MAITRES

DU

XVIIIe SIÈCLE

Baudouin, Beauvarlet, Boilly

Borel, BOUCHER, Caresme

CHALLE, CHARDIN, COCHIN, COYPEL

DEBUCOURT, de Troy, EISEN

FRAGONARD. FREUDEBERG, GREUZE

Jeaurat, **Lancret, Lavreince,** Le Prince

Levasseur. Mallet, Martini les Expositions, Monnet

Moreau le jeune, Nattier, Oudry, Pater

Pierre, Prudhon. Queverdo, Raoux, Saint-Aubin, Schall, Schenau

Strange, VANLOO, Vernet, WATTEAU, **Wille**

AÉROSTATS, CONTES DE LA FONTAINE IN-FOL.

SUJETS D'INCROYABLES ET MERVEILLEUSES, ETC.

PARIS — 1880

CONDITIONS DE LA VENTE

L'ordre du Catalogue sera suivi.

Au comptant.

CINQ POUR CENT, en sus des enchères, applicables aux frais.

M. VIGNÈRES, chargé de la vente, remplira les Commissions.

NOTA. Toute commission sans prix fixé ou sans limite déterminée sera regardée comme nulle.

M. VIGNÈRES se charge de faire marquer les prix aux Catalogues des ventes qu'il a faites. Les personnes qui le désirent peuvent s'adresser à lui *franco*.

Plusieurs Amateurs éloignés en ont reconnu l'utilité pour les guider dans leurs achats sur les valeurs des Estampes.

Les Catalogues des Ventes à faire seront envoyés aux personnes qui en feront la demande *affranchie*.

AVIS. — Nous prions MM. les Amateurs éloignés de ne pas attendre au dernier jour, pour que les lettres arrivent le matin de la vente, les lettres étant distribuées après mon départ.

Choix de Catalogues avec prix marqués.

ORDRE DES VACATIONS

Première Vacation. — Lundi 17 Janvier

Aérostats	N°s	1 à 12
Anonyme à Boucher		13 à 247

Deuxième Vacation. — Mardi 18 Janvier

Boucher à Cochin	N°s	248 à 337
Contes de La Fontaine		338 à 378
Copia à Desrais		379 à 495

Troisième Vacation. — Mercredi 19 Janvier

Desrocher, Eisen, Fragonard, Freudeberg, Greuze, Hallé	N°s	496 à 742

Quatrième Vacation. — Jeudi 20 Janvier

Haughton à Imbert	N°s	743 à 763
Incroyables et Merveilleuses		764 à 784
Ingouf, Lancret, Lavreince à Monnet		785 à 989

Cinquième Vacation. — Vendredi 21 Janvier

Monnet, Moreau, Saint-Aubin, Strange à Tessonnier	N°s	990 à 1236

Sixième Vacation. — Samedi 22 Janvier

Théolon, Vanloo, Watteau, Wille.	N°s	1237 à 1484

CETTE BELLE

COLLECTION D'ESTAMPES

EST COMPOSÉE DE PIÈCES

PROVENANT

Des plus belles et des plus célèbres Collections

VENDUES DEPUIS ENVIRON 25 ANS

Du Chevalier CAMBERLYN, de CORNEILHAN

CALAMATTA

LORIN, EMMANUEL MARTIN, Comte de BEHAGUE

AMBROISE FIRMIN DIDOT

RIGNON, Docteur ROTH, de LABÉRAUDIÈRE

MULBACHER et autres

CATALOGUE

ESTAMPES DU XVIIIe SIÈCLE

AÉROSTATS

1 Entrée de M. Blanchard et du chev. Lepinard à Lille, 26 août 1785, par *Helman*, d'après *L. Watteau*. In-fol., très belle.

2 Ballons avec des hommes volant, l'explication au bas, petit in-fol., par *Fessard*. Très rare, très belle.

3 Ballon avec Montgolfier dans la nacelle, in-fol., texte allemand.

4 Expérience à Versailles, par M. Montgolfier, 19 sept. 1783, grand in-8, par *N. de Launay*. Collection Laberaudière.

5 Expérience aérostatique à Versailles, 19 sept. 1783, par *Moreau*, petit in-fol., en travers. Superbe ép., marge.

6 Premier voyage aérien, à la Muette, vue de la terrasse de Franklin, grand in-8, par *N. De Launay*. Très belle ép. Collection Laberaudière.

7 Le Moment d'hilarité universelle, 1er décembre 1873, par *Bertaux*, in-4. Très belle ép. Collection Laberaudière.

8 Seconds Voyageurs aériens, 1er décembre 1783, aux Tuilleries, grand in-4. Collection Soleil.

9 Vue prise de la grille du Château, expérience de Charles et Robert, 1er décembre 1783. Superbe ép. par Sergent, grand in-8, toute marge. Collection Laberaudière.

10 Départ de MM. Charles et Robert, 1er décembre 1783, in-8, par *Moreau le je* : c'est une des plus rares de son œuvre. Superbe, toute marge. Collection Laberaudière.

11 Le duc de Chartres et le duc de Fitz Jame signe le Procès-Verbal, à l'arrivée de MM. Charles et Robert, dans la prairie de Nesle. Grand in-8, par *Sergent*. Superbe ép., toute marge. Collection Laberaudière.

ESTAMPES XVIIIe SIÈCLE

12 **Anonyme.** Jeune homme et jeune femme entrant dans une chambre, jolis costumes, in-8. Superbe ép., remargé.

13 — Jeune femme croisant son fichu, rond, in-8, remargé. — La Vertu, avant la lettre, ovale, petit in-4. 2 p.

14 — Le Songe trompeur. — Le Chat chéri. 2 p., petit in-4, en travers, publiées à Londres. Superbes ép., toute marge.

15 — Le Mari supris par sa femme, in-4, au trait. Très rare, remargé.

16 — Berger offrant un oiseau à une baigneuse. — Berger surprenant une femme au bain. 2 p. ovales, petit in-fol.

17. — Jeune fille tenant la porte de sa cage ouverte et attend l'oiseau que l'on lui apporte. Grand in-4.

18 — Phénomènes du Mesmerisme, 5 petits ronds au trait sur la même feuille. — 6 sujets pour boutons, Pastorales, Vénus et l'Amour, etc., sur la même feuille. 2 p. in-4, rares.

19 — *The Bargain concluded.* Le Marché conclu, in-4. Très belle ép. Collection Em. Martin.

20 — *The joyous moment.* L'instant de la gaieté, in-4. Très belle ép., toute marge.

21 — *The joyous moment.* Manière noire, in-fol., 1774. Superbe ép., marge.

22 — *The slow reflection.* La réflexion tardive, in-4. Très belle ép., toute marge.

23 — *Slow reflection.* Manière noire, in-fol., 1774. Très belle ép., marge.

24 — *The irreparable loss.* La perte irréparable, in-4. Belle ép.

25 — *The Girl ill payd.* La Fille mal payée, in-4. Très belle ép.

26 — Le double Engagement, in-4. Superbe ép., toute marge.

27 — La triple Ivresse, scène de soldats, in-4. Superbe ép., toute marge.

28 — Le Loup dans la bergerie. — Les Moines dans la chaumière. 2 p., petit in-fol.

29 — Buste de jeune fille qui embrasse son oiseau, in-4. Superbe.

30 — Homme entrant dans la chambre d'une femme qui se chauffe. In-4, avant toute lettre.

31 — La Table renversée, petit in-fol., toute marge.

32 — Deux amants qui s'embrassent, rond, in-fol. Superbe ép., sans marge.

33 — Jeune fille et son oiseau. — Jeune fille et son chien, 2 p., ovales, petit in-fol. Superbes ép., remargées.

34 — Femme nue couchée, dormant. Ovale, petit in-fol., avant toute lettre, marge. Très belle ép.

35 — Billet d'invitation des directeurs de la Communauté et Académie de Saint-Luc: Cartouche orné, ayant appartenu à *Monnet*, dont la signature est au verso. Collection Laberaudière.

36 — Les armes de la ville de Paris. — Billet de bal pour le mariage du dauphin, et emblèmes. 7 p., calcographies.

37 — Epoux jaloux prêt à partir en voyage met à sa femme une ceinture de chasteté, l'Amour s'envole et emporte la clef. — L'Amour couronne l'amant en lui remettant la clef. 2 p., grand in-4. Magnifiques ép., marge vierge, très rares.

38 — Nymphe conduisant un jeune prince dans un jardin enchanté, Minerve dans les nuages lui présente le portrait de sa future. In-4, avant toute lettre. Très belle ép.

39 — Le Réfractaire amoureux. In-fol.

40 — Danaé, entourée de trois amours. Eau-forte pure, in-fol., remargée.

41 — Expérience sur l'électricité, grand in-fol. en hauteur.

42 — Vénus qui embrasse l'Amour. Sujet gracieux, in-fol., très rare, déchiré et recollé.

43 — Les Médecins botaniste et minéralogiste écrasés par le Médecin à la mode. Superbe ép., costumes Louis XVI, marge vierge, dédié à la mémoire de l'immortel Tournefort.

44 — Sultan donnant le mouchoir à une de ses femmes, in-fol. Superbe ép. avant toute lettre, toute marge.

45 — Jolie femme coiffée d'un chapeau, pêche à la ligne, son amant derrière elle joue de la flûte. In-fol. Très belle ép., avant toute lettre, marge.

46 — Erigone, ovale, avant toute lettre, in-fol. Très belle ép. d'une jolie pièce.

47 — Le Carnaval, scènes de l'époque, in-fol. Collection Em. Martin.

48 **A. G. T. G.** L'agréable Illusion, femme nue dormant, in-fol., ovale équarri en travers, Superbe ép., toute marge, rare.

49 **Anselin** (J.-L.). La Coquette de village, d'après *St-Quentin*. Charmante jeune fille tenant des roses. Magnifique ép., marge.

50 **Aubert** (d'après). Le Billet doux, par *Duflos*. Jolie composition, petit in-fol. Magnifique ép., très grande marge.

51 **Aubry** (d'après). La Malizia et la Simplicita, par *Matteo Carboni*, in-fol., rare.

52 — Le Mariage rompu par *De Launay*. Très belle ép., petit in-fol., marge.

53 — La Reconnaissance de Fonrose, in-fol., par *R. De Launay*. Superbe ép., grande marge.

54 — L'heureuse Nouvelle, par *Simonnet*, 1777. Superbe ép., grand in-fol., toute marge, avec les armes, mais avant la lettre.

55 **Audouin.** Il n'est plus temps, d'après *Bouillon*, in-fol., marge. Belle ép.

56 **Aveline** (F. A.). La Jarretière, in-4, d'après *Le Belle*. Très belle ép., marge.

57 **Avril** 1783. Dame pelant une pomme à son petit garçon, d'après *Metzu*, in-fol.

58 — L'Etude qui veut arrêter le Temps, in-fol., d'après *Menageot.*

59 — Vénus désarmant l'Amour, in-fol., 1er état avant le changement. Magnifique ép., avant la lettre, marge vierge, très rare.

60 — 1780. Diane et ses nymphes au bain, changeant Acteon en cerf, grand in-fol., avant la lettre. Très belle ép.

61 **Bachelier** (d'après). Le petit chien noir s'est échappé et vient voir la petite chienne blanche qui est attachée, petit in-fol., ovale en travers équarri. Très belle ép.

62 **Balechou.** Sainte Geneviève, d'après *Vanloo*, in-fol. Très belle ép. avant les raies sur le titre, avant le jupon allongé, et avant la planche réduite de chaque côté; au revers une ép. d'essai du Calme, d'après *J. Vernet* (P. et B. 4.)

63 — Sainte Geneviève. Très belle ép., avant la lettre, au moyen d'une planche rapportée; le jupon est allongé et la planche est diminuée de chaque côté.

64 **Balzer.** Léda, d'après *Michel Ange*. Charmante petite pièce, ovale en travers. Superbe ép.

65 **Bartolozzi.** Brevet de la royale Académie donné à Chambars, graveur, signé par *Joshua Reynolds* et *Milner Newton*, in-fol.

66 — Ophelia? Superbe ép., avant la lettre, in-fol., toute marge.

67 — Venus Cupid and satyr, in-fol., d'après *Luca Giordano*. Superbe ép., toute marge.

68 **Basan.** La Méridienne hollandaise Joueur de Vielle endormi, d'après *Mieris*. — Les vrais Flamands, d'après *Brouwer*, 2 p. avec marge.

69 **Baudouin** (d'après P. A.). Frontispice pour un catalogue de vente, eau-forte, in-8, par *Huquier* fils (E. B. 22). Collection Roth. — Mariage du Dauphin, petit fils de Louis XV (E. B. 1). Calcographie, 2 p.

70 — Perrette. Voilà, voilà la petite laitière, grand in-4, par *Guttemberg*. Très belle ép., avant la lettre (E. B. 36).

71 — Sa taille est ravissante, etc. Jeune femme à sa toilette, grand in-4, par *Le Beau*, marge (E. B. 43).

72 — Le léger Vêtement, grand in-4, par *Chevillet*, belle ép. (E. B. 28).

73 — L'Amour à l'épreuve, in-fol., avant le changement (E. B. 5). 2e état. Très belle ép., marge.

74 — L'Amour à l'épreuve, in-fol., avant le changement et avec *Boucher pinxit*, 1er *peintre du Roi*. — *Beauvarlet direxit*, état non décrit.

75 — Le Matin, scène d'intérieur, par *de Ghendt*, in-fol. Superbe ép., avant toute lettre, 1er état, avant le changement. La tablette blanche (E. B. 32). Collection Roth.

76 — Le Matin, scène d'intérieur, par *de Ghendt*, in-fol. Superbe ép. avant toute lettre, tablette blanche, avec le changement. Très belle ép., état non décrit.

77 — Le Matin, scène d'intérieur, par *de Ghendt*, in-fol., avec la lettre. Superbe ép., marge.

78 — Le Midi, in-fol, par *de Ghendt*. Très belle ép., papier vélin, marge.

79 — Le Soir, par *de Ghendt*. Très belle ép., avant toute lettre et avant le changement, in-fol., la tablette blanche (E. B. 46).

80 — Le Soir, par *de Ghendt*, avec la lettre. Superbe ép., marge.

81 — La Nuit, scène dans un parc, par *de Ghendt*, in-fol. Très belle ép. avant toute lettre, la tablette blanche (E. B. 35).

82 — Le Danger du tête-à-tête, in-fol. Très belle ép., par *Simonet*. avec la bordure ornée (E. B. 18).

83 — Le Carquois épuisé, par *N. de Launay*. Élégant boudoir, époque Louis XV. Charmante composition (E. B. 11). Très belle ép.

84 — Le Curieux, par *Maleuvre*, in-fol., joli intérieur, époque Louis XVI. Magnifique ép., avant toute lettre, marge vierge, avant la bordure, 2e des six états (E. B. 17).

85 — (Les Amours champêtres), in-fol., par *Choffard*, (E. B. 7). Très belle ép.

86 — Les Amours champêtres. — Les Amants surpris. 2 p. in-fol., par *Harleston*. Très belles ép. (E. B. 8 et 4).

87 — *The Detection*. (Ce sont les amants surpris.) Manière noire anglaise, in-fol., par *Lowrie*.

88 — (Le Rendez-vous villageois), par *Choffard*. Très belle ép. (E. B. 30), lui donne le titre de: *Marchez tout doux, parlez tout bas*. Tachée d'eau.

89 — Les Soins tardifs, in-fol., par *N. de Launay*. Très belle ép. (E. B. 45).

90 — Annette et Lubin, in-fol., par *Ponce*. Magnifique ép., toute marge, avant-dernier état (E. B. 9).

91 — Rose et Colas, in-fol., par *Simonet*. Magnifique ép., toute marge (E. B. 42).

92 — La Soirée des Thuileries, par *Simonet*, in-fol. Superbe ép., toute marge (E. B. 47).

93 — Le Jardinier galant, par *Helman*. Très belle ép., in-fol., marge.

94 — Les Cerises, par *Ponce*, in-fol. Superbe ép., toute marge, avant dernier état (E. B. 13).

95 — La Rencontre dangereuse, par *Le Veau*. Très belle ép., marge (E. B. 40).

96 — Le Lever, par *Massard*, 1771. Ravissante composition de chambre à coucher, in-fol. Superbe ép., toute marge (E. B. 29), avant-dernier état.

97 — La Toilette, par *Ponce*, 1771, in-fol. Superbe ép., toute marge (E. B. 48).

98 — La Sentinelle en défaut, par *De Launay*. Superbe ép., in-fol., grande marge (E. B. 44).

99 — L'Épouse indiscrète, par *N. De Launay*, 1771, in-fol. Très belle ép. (E. B. 21), avant-dernier état.

100 — L'Enlèvement nocturne, par *Ponce*, avant la lettre, in-fol. 2e des quatre états (E. B. 20). Superbe ép.

101 — L'Enlèvement nocturne, par *Ponce*. Superbe ép. avec la lettre, avant-dernier état, marge.

102 — Le Fruit de l'amour secret, par *Voyez junior*, in-fol. Très belle ép. (E. B. 23).

103 — Le modèle honnête. In-fol, par *Moreau* le jeune et *Simonet*, très belle ép. (E. B. 34).

104 — Le Chemin de la fortune, in-fol., par *Voyez major*. Présentation d'une jolie danseuse au directeur de l'Opéra. Très belle ép. (E. B. 14).

105 — Le Poète Anacréon par *De Launay*. Superbe ép. in-fol. toute marge. (E. B. 38.) Avant-dernier état,

106 — Le Catéchisme des demoiselles, — le Confessional, 2 p. par *Moitte*, in-fol. Superbes ép. (E. B. 12 et 15.)

107 **Beauvarlet**. Le testament de La Tulipe, d'ap. *Lenfant*, in-fol.

108 — Les adieux de Catin d'après *Lenfant*, in-fol. Très belle ép., marge vierge.

109 — La double surprise, d'après *G. Dow*.

110 — (chez). Le Bourg-Mestre, d'ap. *Van Ostade*. Magnifique ép. avant toute lettre, toute marge.

111 — Offrande à Vénus, d'après *Vien*. in-fol. Très belle ép., toute marge, Collection de Corneilhan.

112 — La Sultane (c'est Mme de Pompadour), d'ap. *Vanloo*, in-fol. Superbe ép. avant toute lettre, petite marge.

113 — La Confidence, d'après *Vanloo*. Superbe ép. marge.

114 — Conversation espagnole. Grand in-fol., d'ap. *Vanloo*, très belle ép.

115 — La chaste Suzanne, in-fol. d'après *Vien*. Très belle ép., marge. Collection de Corneilhan.

116 — Le chaste Joseph, d'après *Nattier*. Superbe ép., toute marge. Collection de Corneilhan.

117 — L'Enlèvement d'Europe, in-fol., avant toute lettre, superbe.

118 — Enlèvement d'Europe. — Enlèvement des Sabines. — Acis et Galathée. 3 p. in-fol. d'ap. *Luca Giordano*.

119 — La Marchande d'amours, d'après *Vien*. Superbe ép. avant toute lettre, in-fol. Collection Leblond.

120 — Histoire d'Esther, d'ap. *de Troy*. 6 p. grand in-fol., et le triomphe de Mardochée, immense in-fol. 7 p. Superbes épreuves avant toute lettre. Rares.

121 — Télémaque dans l'île de Calypso, d'après *Raoux*. Grand in-fol. Superbe ép., marge.

122 — Les Couseuses, d'après *le Guide*, grand in-fol. avant toute lettre. Signé : *Beauvarlet.*

123 — La même avec la lettre.

124 — (Fr. Deschamps f^{e}). Trois nymphes surprises au bain, in-fol. d'après *De Troy*. Superbe ép. toute marge.

125 **Beljambe.** Finis, Pierrot ! si l'on nous voyait ! Ovale in-4, d'après *Mongin*. Superbe ép., marge vierge.

126 — Coucou! d'après *Leroy*. Ovale in-fol. en travers. Superbe ép. marge.

127 **Bénard** (d'après). La Fileuse, in-fol. par *Cl. Duflos*. Belle épreuve, marge.

128 — Repos de Chasse, par *Moitte*, sujet historique : le personnage principal est une femme servie par un nègre et une camériste qui apporte à se rafraîchir, (c'est dit-on, Mme Dubarry). Très belle ép.

129 — Fête de Village, la Danse. — Le Marché, jeu de bouchon. 2 p. petit in-fol, par *Saint-Non*, belles ép.

130 **Benoist** (Ph.). Jupiter et Junon d'après *Julien de Parme*. Belle ép. in-fol.

131 **Bertaux**. Le Charlatan allemand, par *Helman*. Scène de mœurs. Magnifique ép., grande marge avant la dédicace. Collection Roth.

132 — Le Charlatan français, par *Gleich*. Belle ép. marge.

133 **Berthault** (P. G.). Vue perspective de la salle qui fait voir la partie du théâtre. — Vue perspective de l'intérieur de la salle qui fait voir l'amphithéâtre, par *Poulleau*. 2 p. grand in-fol. Très belles ép., marge.

134 **Bertin** (d'après). La Gaîté de Silène. Superbe ép. avant la dédicace. In-fol. en travers, par *De Launey*, toute marge.

135 **Bervic**. Le Repos, d'après *Lépicié*. In-fol. avant la lettre, collée.

136 — D'après *Merimée*. L'Innocence. Superbe ép. avant la lettre, marge vierge.

137 — Le Serment, d'après *Trinquesse*, avant toute lettre, grand in-fol. Très belle ép. marge.

138 **Bettellini** (P.). Sibilla Persica. — Sibilla Frigia. 2 p. in-fol., d'après le *Guerchin*. Superbes ép., petite marge.

139 **Boilly** (d'après Louis). Jean qui rit. — Jean qui pleure. 2 p. in-4., par *Hulot*. Superbes ép. toute marge.

140 — Voilà ma mère, nous sommes perdus. — Jouir par surprise n'allarme pas la pudeur. 2 p. petit in-fol. Toute marge.

141 — La Paresseuse. In-fol. par *Mathias*.

142 — Prélude de Nina, par *Chaponnier*. Superbe ép. in-fol. Toute marge.

143 — La douce Impression de l'harmonie. — Le Réveil prémédité. 2 p. in-fol. par *Wolff*.

144 — Honny soit qui mal y pense, par *Bonnefoy*. Superbe ép., avant la lettre. Grand in-fol. marge.

145 — Il dort. Grand in-fol. par *Texier*. Très belle ép., grande marge.

146 — L'Evanouissement. Grand in-fol. par *Tresca*. Très belle ép.

147 — Ah ! qu'il est joli. In-fol. par *Aug. Le Grand*. Très belle ép. toute marge, rare.

148 — Qu'elle est gentille. Grand in-fol, par *Bonnefoy*. Très belle ép., toute marge.

149 — Avant la toilette. Grand in-fol., marge, très belle ép. — La Rose prise. In-fol., par *Cazenave*. 2 p.

150 — Nous étions deux, nous voilà trois. lettre grise. Très grand in-fol. par *Vidal*. Superbe épreuve.

151 — Jeune femme prenant le nez à son mari. Très grand in-fol. par *Petit*. Très belle épreuve avant la lettre, très rare.

152 — Prends ce biscuit, Grand in-fol, par *Vidal*. Très belle ép., lettre grise, petite marge.

153 — Le Cadeau. Grand in-fol., très belle ép., par *Bonnefoy*, toute marge.

154 — Séparation douloureuse. Grand in-fol. par *Noel*, sous la direction de Schenker. Très belle ép., marge.

155 — Qu'il est pressant ! Grand in-fol., par *Petit*. Très belle ép., marge.

156 — L'Optique, par *Cazenave*. Très grand in-fol. Superbe ép., marge.

157 — **Salon** dans lequel une guenon reçoit les hommages d'un lion et d'un âne et la visite de divers autres animaux habillés ; au bas : *Quid rides ? . . . de te fabula.*

158 — Défends moi. — La leçon d'union conjugale. 2 p. grand in-fol., en travers, par *Petit*. Très belles ép., marge.

159 — Poussez ferme. — Ah ! ah ! qu'il est sot. 2 p. grand in-fol. Superbes ép., marge vierge.

160 — Le Bouquet chéri. Grand in-fol. par *Chaponnier*, très belle ép., toute marge.

161 — Deux jeunes filles dont l'une dessine le portrait de son jeune frère assis. (Etude du dessin ?). Grand in-fol., par *Casenave*. Très belle épreuve.

162 — Marche incroyable. Scènes de Mœurs, vrai tableau de Paris à cette époque; costumes. Très grand in-fol., par *Bonnefoy*, pièce rare, très belle ép., toute marge papier vélin.

163 **Boilly** ? (d'après). Le marchand de poisson et la marchande d'oranges. In-fol., eau-forte pure, rare, toute marge.

164 — Bacchanale : Nymphes endormies, Satyre presse du raisin dans une coupe à des petits amours. Petit in-fol. avant toute lettre, manière noire par *Allais*. Superbe.

165 **Bonnart**. Jupiter et Sémélé, ovale équarri in-8. en travers. Superbe ép., grande marge.

166 **Borel** (d'après). Dernières paroles de Mirabeau, petit in-fol., par *Delaunay* le jeune.

167 — Le Don intéressé, petit in-fol., Très belle ép., par *E. Voysard*, marge.

168 — L'Abandon voluptueux, petit in-fol., par *Dennel*, très belle ép., avant toute lettre.

169 — Il était temps, in-fol. par *A. F. Hemery*, belle ép.

170 — Le Maréchal des logis, petit in-fol. par *Voysard*, avant la dédicace et les quatre lignes d'histoire au bas. Très belle.

171 — Le même avec la dédicace, etc. Très belle.

172 — L'Innocence en danger, par *Huot*, 1792. 1re estampe de la Paysanne pervertie. — La sortie du coche, très belle ép., toute marge.

173 — J'y passerai, in-fol., par *R. De Launay*, belle ép., papier vélin, marge.

174 — Le Mariage conclu, par *De Launay*, in-fol. Très belle ép.

175 — Vous avez la clef, mais il a trouvé la serrure par *Anselin*. Très belle ép., toute marge.

176 — La faute est faite, permettez qu'il la répare, par *Anselin*. Très belle ép., marge.

177 — Il a cueilli ma rose, grand in-fol. par *Regnault*.

178 **Bosio** (d'après). La Bouillotte. Pièce très curieuse pour les costumes et mœurs du temps, in-fol. Superbe.

179 **Boucher** (d'après F.). Livre des Arts. L'Architecture, la Peinture, la Sculpture, l'Astronomie, la Musique, la Poésie. 6 p., groupes d'amours. *G. Hertel excud.*

180. — Livre des Arts, par *La Rue.* L'Architecture, la Peinture, la Sculpture, la Poésie, la Musique, l'Astronomie. 6 p., groupes d'amours. Belles épreuves.

181. — Les Saisons : groupes d'amours par *Larue*, 4 p. magnifiques ép., toute marge. Cahier avec le fil de la publication.

182. — L'Amour oiseleur, in-fol., par *Lépicié.* Superbe ép.

183. — Les amours folâtres, in-fol. par *Aveline.* Superbe ép., toute marge.

184. — L'Air. — L'Eau. — Le Feu. 3 p. Groupes d'amours par *Daullé*, très belles ép.

185. — Cartouche pour la Loge de l'Amitié de Bordeaux. Au milieu à l'encre : tableau des officiers élus et nommés le 24 juin 1779, in-fol. par *Choffard*, 1766. Très belle ép., marge rare.

186. — Roman d'Acajou et Zirphile. 10 p. in-4, toute marge, gravées par *Chedel.* Superbes ép.

187. — L'Oiseau privé. — La Colombe chérie. 2 p. in-4., par *Flipart.* Collection Didot.

188. — L'Oiseau privé, par *Flipart*, chez Crépy. Très belle ép.

189. — Le Matin : Dame à sa toilette. — Le soir : la Dame allant au bal. 2 p. petit in-fol, par *Petit.*

190. — La Dormeuse, petit in-fol, par *Michel.* Très belle ép., toute marge.

191. — La jeune Marchande d'oiseaux. Jeune paysane. 2 p. à l'eau-forte par *DeLalive.* Superbes ép. in-4., toute marge. Collection Didot.

192 — L'agréable solitude. Paysage en hauteur, par *Le Bas*, superbe ép., toute marge.

193 — L'Enfant berger faisant danser son chien au son de sa musette, grand in-4., par *Aveline*. Superbe.

194 — Le petit Ménage. — La petite Maîtresse d'école, par *De Fehrt*. 2 p. petit in-fol. Superbes ép., toute marge.

195 — Le Marchand d'oiseaux. — La Marchande d'œufs. 2 p. petit in-fol. par *Daullé*. Superbes ép., marge vierge.

196 — La Vendangeuse. — La Souffleuse de savon. 2 p. petit in-fol. par *Daullé*. Superbes épreuves marge vierge.

197 — Elle mord à la grappe. — De trois choses en ferez vous une. 2 p. petit in-fol., par *Pasquier*. Superbes ép., marge vierge.

198 — Le Tribut de la reconnaissance. Petit in-fol. par *L. H. E.* Superbe ép., toute marge.

199 — La Marchande de modes, in-fol. très belle ép., par *Gaillard*

200 — Le Déjeuner, par *Lépicié*. Jolie dame prenant le café; elle est entourée de ses enfants. Charmant intérieur. Très belle ép. toute marge

201 — La belle Cuisinière, par *Aveline*, grand in-fol. Superbe ép., toute marge. Collection Didot.

202 — La belle Villageoise, grand in-fol., par *Souberyan*. Superbe ép. Collection Behague.

203 — La Bergère attentive, in-fol., par *Elluin*. Superbe ép., toute marge. Collect. Didot.

204 — Le Trébuchet, in-fol., par *Aveline.* Superbe ép., toute marge.

205 — La Chasse, grand in-fol., par *Beauvarlet*, eau-forte pure. Collect. Leblanc.

206 — La Rêveuse, in-fol. Superbe ép., marge.

207 — Les Charmes de la vie champêtre, in-fol., par *Daullé.* Superbe ép., toute marge.

208 — La Fécondité, grand in-fol., par *Gaillard.* Superbe ép., toute marge.

209 — Le Goûté de l'automne, grand in-fol., par *Gaillard.* Superbe ép., marge.

210 — Les Amants surpris. — L'Agréable leçon. 2 charmantes pastorales, par *Gaillard.* Superbes ép., toute marge.

211 — Le Berger récompensé. — Le Panier mystérieux. 2 p. in-fol., par *Gaillard.* Superbes ép., grande marge.

212 — La Poésie lyrique. — La Poésie pastorale. 2 p. petit in-fol., par *Cl. Duflos.* Très belles ép.

213 — Le Trait vainqueur. — Le Lit de repos. — Vénus et l'Amour. 3 p. in-8, chez *Basan.* Très belles ép., rares.

214 — L'Attention dangereuse, par *Dennel*, jeune fille assise sur son lit regardant deux tourterelles. Belle ép., in-fol.

215 — Trois Baigneuses, petit in-fol. par *Huquier.* Très belle ép., marge. Collect. Didot.

216 — Cérès, nue, endormie, in-fol. Superbe ép., marge. Collect. Camberlyn.

217 — Vénus montrant une couronne de fleurs à l'Amour, in-fol., par *Aveline*. Superbe ép. marge. Collect. Camberlyn (Vénus dirigée à gauche).

218 — Vénus montrant une couronne de fleurs à l'amour, in-fol., par *Aveline*. (Vénus dirigée à droite). Superbe ép., marge. Collect. Didot.

219 — Andromède, à l'eau-forte, par *Boucher* et terminé par *Aveline*, in-fol. Superbe ép. marge. Collection Didot.

220 — Six Baigneuses, petit in-fol., par *Borgné*, 1771. Très belle ép., remargé.

221 — Les Grâces au bain, in-fol., par *Ryland*. Superbe ép., toute marge. Collect. Leblond.

222 — Les Nymphes au bain, in-fol., par *Ouvrier*, avant toute lettre. — La même, avec la lettre, 2 p. Collection Leblanc.

223 — L'Amour enchaîné par les Grâces, in-fol., par *Beauvarlet*, charmante composition. Belle ép.

224 — L'Hymen et l'Amour, in-fol. Très belle ép., chez *Beauvarlet*.

225 — La naissance de Vénus, par *Cl. Duflos*. Superbe ép., grand in-fol. Collect. Behague.

226 — La mort d'Adonis, in-fol., par *Surugue*, 1742. — Le même, grand in-fol., remargé. 2 p.

227 — Quos ego, grand in-fol., par *Aveline*. Très belle ép. Collection Laperlier.

228 — L'Amour désarmé, in-fol., par *Fessard*, 1761. Superbe ép., marge vierge. Collection Didot.

229 — Vénus entrant au bain, in-fol., par *Michel*. Superbe ép., toute marge.

230 — Vénus sortant du bain, in-fol., par *Michel*. Très belle ép.

231 — Vénus se préparant pour le jugement de Pâris, reçoit d'avance la pomme des mains de l'Amour, grand in-fol., par *de Lorraine*, 1764. Superbe ep., toute marge.

232 — Vénus et les Amours. Grand in-fol., par *Gaillard*. Très belle ép. avant la lettre, les noms d'artistes à la pointe, et les armes en bas.

233 — Les Bacchantes endormies, grand in-fol., par *Gaillard*. Très belle ép. Collect. Didot.

234 — Jeune Homme prenant la cage d'une Bergère endormie, eau-forte pure. — Le Cheval fondu, par *Huquier*. 2 p., petit in-fol. en travers.

235 — Foire de campagne, in-fol., par *Cochin fils*. Superbe ép., marge.

236 — Le Ménage ambulant, in-fol., par *Binet*. Très belle ép., marge vierge.

237 — Les Charmes du printemps, par *Daullé*, in-fol., marge. Très belle.

238 — Les Plaisirs de l'été, in-fol., par *Daullé* Trois Femmes au bain. Très belle ép.

239 — Pense-t-il aux raisins, par *Le Bas*, in-folio. Superbe ép., grande marge.

240 — Les Présents du berger, grand in-fol., par *Lempereur*. Superbe ép., marge. Collect. Didot.

241 — Pastorale dans un riche entourage rocaille, grand in-fol. Superbe ép.

242 — Le Réveil, par *Car. Levesque*, charmante pièce, très gracieuse. Très belle ép., in-fol.

243 — La Toilette pastorale. — Les Confidences pastorales. 2 p. in-fol., par *Cl. Duflos*. Superbes ép., toute marge. Collect. Didot.

244 — Retour de chasse de Diane, in-fol., par *Cl. Duflos*. Superbe ép. Collect. Didot.

245 — La belle Dormeuse, in-fol., par *Ryland*. Superbe ép., toute marge. Collect. Mulbacher.

246 — Le Repos de la volupté, in-fol., par *J. P. Michel*. Très belle ép., marge vierge. Collect. Leblond.

247 — La Muse Erato, in-fol., par *Daullé*. Superbe ép., grande marge.

248 — Etude de Femme nue dormant, in-fol., par *J. E. Nochez*. Superbe ép., grande marge. Collection Laperlier.

249 — Le Sommeil. — Le Réveil. Femmes nues couchées, 2 p. in-fol. Superbes ép.

250 — 1763. Femmes de Boucher, n° 1, fac-simile de dessin, in-fol. Superbe et rare.

251 — Vénus et l'Amour dormant. Ne cessons de craindre une belle, petit in-fol., par *Michel Aubert*. Superbe ép. Collect. Didot.

252 — Diane sortant du bain, in-fol., par *Edm. Hedouin*. Superbe ép. sur chine, toute marge. Chalcographie.

253 — Vénus sur les eaux, entourée d'Amours, Nymphe et Triton, in-fol., par *Le Vasseur*. Superbe ép.

254 — La naissance d'Adonis. — La mort d'Adonis. 2 p., grand in-fol., par *Michel Aubert*. Superbes ép., très grandes marges. Collection Behague.

255 — Pan et Syrinx, par *Pitre Martenasie*. Satyre surprenant deux Nymphes. In-fol., belle ép., marge,

256 — Jupiter et Calisto, grand in-fol., par *Gaillard*. Superbe ép., marge.

257 — Neptune et Amymone, grand in-fol., par *Danzel*. Très belle ép., marge.

258 — Vertumne et Pomone, grand in-fol., par *Augustin-St-Aubin*. Belle ép., remargée.

259 — Jupiter et Leda, par *Ryland*. Très belle composition, grand in-fol. Superbe ép., marge vierge.

260 — La Baigneuse surprise, grand in-fol., par *Daullé*. Superbe ép., marge.

261 — Sylvie délivré par Aminte, grand in-folio, par *Gaillard*.

262 — Naissance de Bacchus, grand in-folio, par *P. Aveline*. Superbe ép., grande marge. Collect. Behague.

263 — Vénus sur les eaux, très grand in-folio, par *P. E. Moitte*. Très belle ép., petite marge. Collect. Behague.

264 **Bounieu** (D'après). L'Innocence sous la garde de la Fidelité, par *Ponce*, l'enfant qui dort a une décoration. Superbe ép., petit in-fol.

265 **Brion.** La Toilette au sérail, d'après *Kraus*, grand in-fol., manière noire. Très belle ép. avant la lettre, rare.

266 **Canot** (D'ap.). Le Souhait de la bonne année au grand papa, par *Le Bas*. Superbe épreuve, marge.

267 — Le Gâteau des rois, par *Le Bas*, in-folio. Superbe ép., marge.

268 — Le Maître de danse, par *Le Bas*, jolie pièce dans le goût de Chardin. Superbe ép.

269 **Caquet.** La Soirée du Palais-Royal, jolie pièce rare, in-fol.

270 **Carême** (D'après). L'Espagnolette, jolie jeune fille occupée à peindre, petit in-fol., par *F. Flipart*. Très belle ép.

271 — Le Baiser napolitain, petit in-fol., par *F. Flipart*, avant l'adresse changée avant celle de Crepy. Très belle ép., marge.

272 — L'Innocence instruite par l'Amour. Superbe ép., par *Campion*, in-fol., marge.

273 — La petite Thérèse, par *Couché*. Très belle ép., toute marge.

274 — Le Philosophe charitable, par *Voyez* l'aîné, Très belle ép., in-fol., toute marge. — Le même, le titre changé, adresse chez Lenoir Pillot. 2 p.

275 — La Bacchante fouettée; Bacchanale de sept figures, in-4 en travers, sans marge, rare.

276 — La Bacchante fouettée; Bacchanale de quatre figures, grand in-4 en travers, manière noire, sans marge, rare. Fac-simile de dessin.

277. — Bacchanale ; la Danse, composition au trait de neuf figures, petit in fol., rare.

278. — Bacchanale in-fol., composition de six figures. Très belle ép., toute marge.

279. — 1779. Fête Flamande, eau-forte in-fol. Très belle ép. en bistre.

280. — Le Satyre impatient, in-fol., par *Anselin*. Très belle ép., marge.

281. **Carmontelle** (D'après). Vues du château de Bagatelle. Pl. XIII à XVII. 5 p. in-fol., toute marge.

282. — La malheureuse famille Calas, in-fol., par *Delafosse*. Belle ép.

283. **Cars** (L.). Hercule assommant Cacus, d'après *F. Lemoine*. Très grand in-fol., toute marge. Chalcographie.

284. — Iris entrant au bain. — Le Temps qui enlève la vérité. — Bethsabée au bain. — Enlèvement d'Europe. 4 p. in-fol. Très belles ep., toute marge. Chalcographie.

285. **Casanova**. Le Dîner du peintre, petite eau-forte, grand in-8 en travers. Superbe ép., marge.

286. **Cathelin**. Mort de Lucrèce, in-fol., d'après *Pellegrini*. Superbe ép., avant toute lettre.

287. **Cazes** (D'après). Achille et Deidamie. — Apollon et Issé. — Hercule et Omphale. 3 p. in-fol. Superbes.

288. **Challe**. Diane sortant de l'eau, eau-forte originale, ovale in-4, 1744. Collect. Robert Dumesnil. Superbe ép.

289 **Challe** (D'après). Les Appas multipliés, petit in-fol., par *Dennel*. Très belle ép. avant toute lettre.

290 — La Ruelle, in-fol., par *Malapeau*. Belle ép., marge.

291 — Finissez! In-fol. par *Marchand*, ovale équarri.

292 — La mort de Cléopâtre. — La mort de Didon. 2 p. Superbes ép., grandes marges.

293 — Le Repos interrompu par le chat et le chien. — Le Souvenir agréable. 2 p. ovales équarri, in-fol. en travers, par *Vidal*.

294 — Sommeil de Vénus, par *G. R. le Villain*. Superbe ép., grand in-fol. avant la lettre, marge. Collection Roth.

295 — Le même avec la lettre. Superbe ép., toute marge.

296 — La Comparaison, dix Femmes au bain se comparent à la statue de Vénus Calipyge. Superbe ép. avant toute lettre, par *Bouillard*.

297 — La Soubrette officieuse, grand in-fol., par *Chaponnier*. Superbe ép., toute marge.

298 **Chardin** (D'après). Sans Souci, sans Chagrin, jeune Fille avec raquette et volant, 1742, par *Lépicié*. Superbe ép., marge, à Lyon, chez Gentot (E. B. 29).

299 — Le Garçon cabaretier, par *Cochin*, avant-dernier état (E. B. 22). — L'Inclination de l'âge, par *Surugue*. 2 p. petit in-fol. Belles épreuves (E. B. 25).

300 — La Ménagère, in-fol., par *Charpentier*. Très belle ép. (E. B. 6), des pièces douteuses. Collection Didot.

301 — La bonne Mère, par *I. Mart. Weis*, 1744, in-fol. Très belle ép. marge vierge. Collection Didot. (E. B. 1).

302 — Le Dessinateur vu de dos. (E. B. 14). — L'Ouvrière en tapisserie (E. B. 40). 2 p. petit in-fol. par *J. J. Flipart*. Très belles ép.

303 — La Pourvoïeuse, par *Lepicié*, 1742. Superbe ép. 1er état, avec le tréma. (E. B. 45). Grande marge. Collection Leblond.

304 — La Ratisseuse, par *Lepicié*, 1742. In-fol. Superbe ép. (E. B. 46).

305 — La Gouvernante, par *Lepicié*, 1739. Superbe ép. in-fol. toute marge. (E. B. 24). Collection Leblond.

306 — La Mère laborieuse, par *Lepicié*, 1740. In-fol. Très belle ép. (E. B. 35).

307 — Le Négligé ou la Toilette du matin, par *Le Bas*, 1741. Superbe ép. in-fol. toute marge.

308 — Le Bénédicité, par *Lepicié*, 1744. In-fol. Très-belle ép. (E. B.5).

309 — L'Œconome, gravé par *Le Bas*, 1754. Très-belle ép. marge.

310 — Les Amusements de la vie privée, par *Surugue*, 1747. Charmante pièce. Superbe ép. toute marge. (E. B. 39).

311 — La Serinette, par *L. Cars*, grand in-fol. Très-belle ép.

312 — Le Château de cartes. In-4, en travers, par *Lepicié*, chez la Vᵉ de F. Chereau, état non décrit (E. B. 11). Très belle ép. marge.

313 — La bonne Éducation. Très belle ép. par *LeBas*, in-fol. (E. B. 7).

314 — Les Tours de cartes. In-fol. par *Surugue*, 1744, belle ép.

315 — Dame prenant son thé, in-fol. par *Fillœul*. Superbe ép. avant l'adresse de Basan (E.B.13), état non décrit. Collection Soleil.

316 **Charpentier** (d'après). L'Emplette inutile : charmante dame qui marchande des fleurs, par *N. Delaunay*. Très belle ép. in-fol.

317 **Cheauveau** (d'après). L'honnête Fripon. — La Curieuse. 2 p. in-4° par *Pattas*. Très belles ép. Collection Leblanc.

318 **Chevallier.** Le Peintre amoureux de son modèle. — Le Diable à quatre, opéra comique. 2 p. par *Michel*. toute marge superbes.

319 **Chevillet.** Mˡˡᵉ sa Sœur, d'après *Heillman*. In-fol., marge.

320 **Chodowiecki.** Fête foraine, d'après *Mayr*, in-8 en travers. Superbe ép. très rare, avec quatre croquis de petites figures dans les marges.

321 **Choffard.** Brevet de Diplôme de la Loge des neuf Sœurs, où se trouve le portrait du duc de Chartres depuis Philippe Égalité. Ép. de la collection Laberaudière.

Annoncée à tort comme superbe ép. avant la bordure et non terminée. Tandis que la bordure est coupée, et les inscriptions sont grattées, c'est visible.

322 **Claessens** (L. A). Coquette hollandaise regardant derrière le bas de la porte. ASPETTARE. In-fol., d'après *Coclers*, superbe ép. marge.

323 — Mars, Vénus et l'Amour, d'après *Guerchin*. superbe ép. in-fol. avant toute lettre, marge.

324 **Clermont** (d'après). L'École de l'amour : deux jeunes paysan et paysanne avec des fleurs. in-fol. par *LeVeau*. Très belle ép. marge.

325 **Cochin** (C.) sculp. S. M. Louis XV. accompagné de M. le duc d'Antin à la cascade de Trianon. — Intérieur d'une partie de bains publics par *F. N. Cochin*. 2 p. in-fol.

326 **Cochin** (C. N.) *inv. et sculp.* Le Tailleur pour femme. Très belle ép. d'une pièce de mœurs de l'époque, petit in-fol.

327 **Cochin** (d'après les dessins de) Scènes de l'histoire romaine : Coriolan, Romulus, etc., d'après des compositions italiennes. 10 p. in-4, avec entourages ornés, imp. deux à la feuille. Superbes, toute marge.

328 — Charmante scène théatrale à trois compartiments. In-8, par *Lingée*, superbe ép. marge.

329 — Le Chanteur de cantiques. Très belle ép. par *Madeleine Cochin*.

330 — Frontispice de l'Encyclopédie, allégorie par *Prévost*, petit in-fol., avec la presse d'imprimerie à gauche, marge vierge.

331 — La Force et autre Statue. in-fol., par *Moitte*, Superbes ép. marges vierges.

332 — L'Atelier de dessin, par *Prevost*, in-4, en travers, belle ép.

333 — Vue de trois des pavillons du Pont Neuf, très belles ép. in-4 en travers, par *Le Bas*. Superbes. Collection Le Blanc.

334 — Le Camouflet. Scène enfantine par *Dupuis*, belle ép. marge, in-4.

335 — L'Age viril, *Marie J. Renard Dubos*. — La vieillesse par *Claire Tournay*. 2 p. in-4. belles ép.

336 — La Soirée, in-fol. par *Claude Gallimard*.

337 — La Fontaine enchantée de la vérité d'amour, in-fol. par *Saint-Aubin* et *Macret*. Belle ép. toute marge.

CONTES DE LA FONTAINE

IN-FOLIO

338 **Boucher** (d'après). Le Magnifique. — La Courtisane amoureuse. 2 p. par *De Larmessin*.

339 — Le Calendrier des vieillards, par *De Larmessin*. Très belle ép. grande marge.

340 — Le Fleuve Scamandre, par *De Larmessin*. Superbe ép. très grande marge.

341 **Eisen** (d'après Ch.). Promettre est un et tenir c'est un autre, par *L. Legrand*. Belle ép.

342 — La Gageure des trois commères, par *Tardieu*. Belle ép.

343 — Le Cas de conscience, par *Tardieu*. Superbe ép. grande marge.

344 **Lancret** (d'après). Les deux Amis, par *De Larmessin*.

345 — Les Remois, par *De Larmessin*. Très belle ép.

346 — Le Gascon puni, par *De Larmessin*. Belle ép.

347 — Le Faucon, par *Schmidt*, sous le nom de Larmessin. Très belle ép.

348 — On ne s'avise jamais de tout, par *De Larmessin*. Très belle ép.

349 — A femme avare, galant escroc, par *Schmidt* sous le nom de Larmessin. Superbe ép.

L'amant est le portrait de Schmidt, et le mari le frère de Lancret.

350 — Nicaise, par *Schmidt* sous le nom de Larmessin. Très belle ép.

351 — Le petit chien qui secoue de l'argent et des pierreries, par *De Larmessin*. Superbe ép., marge.

352 — Les oies de Frère Philippe, par *De Larmessin*. Belle ép., marge.

353 — Pâté d'anguille, par *De Larmessin*. Superbe ép., toute marge. Collection Roth.

354 — La servante justifiée, par *De Larmessin*. Superbe ép., toute marge.

355 — Les Troqueurs, par *De Larmessin*. Superbe ép., marge vierge.

356 **Laurin** (d'après). L'anneau de Hans Carvel, par *Aveline*. Superbe ép. chez Charpentier. Collection Mulbacher.

357 — Le même. Très belle ép. chez Buldet.

358 **Le Clerc** (d'après). Le faiseur d'oreilles et le raccommodeur de moule, par *De Larmessin*. Superbe ép.

359 — Le Rossignol, par *De Larmessin*. Très belle ép., marge.

360 **Le Mesle** (d'après). La Clochette 1738, par *Fillœul*. Belle ép., marge.

361 **Lorrain** (d'après). La chose impossible, par *De Sornique*, rare, chez Charpentier.

362 — Le même, chez Buldet. Superbe ép., grande marge.

363 **Pater** (d'après). La matrone d'Ephese, 1736, par *Fillœul*, chez De Larmessin.

364 — Le Savetier, par *Fillœul*. Très belle ép. chez Fillœul.

365 — La Courtisane amoureuse, par *Fillœul*. Belle ép. chez Fillœul.

366 — Le Glouton, par *Fillœul*. Très belle ép. chez Fillœul, marge.

367 — Les aveux indiscrets. Superbe ép. chez De Larmessin, marge.

368 — Le Cocu battu et content. Très belle ép., par *Fillœul*, chez De Larmessin.

369 — Le baiser donné, par *Fillœul*, chez Fillœul. Superbe ép, toute marge. Collection Roth.

370 — Le baiser rendu, par *Fillœul*, chez Fillœul. Superbe ép., toute marge. Collection Roth.

371 **Vleughels** (d'après). Le villageois qui cherche son veau, par *De Larmessin*, Belle ép. chez Buldet.

372 — La jument du compère Pierre. Très belle ép. par *De Larmessin*, chez Buldet.

373 — Frère Luce, par *De Larmessin*. Belle ép.

374 — Le Bast, par *De Larmessin*. Belle ép. chez Buldet.

375 **Ramberg**. Le poirier enchanté. — Le villageois qui cherche son veau. 2 p. au trait.

376 — Les deux mêmes, coloriés à l'aquarelle.

377. — Joconde. — La jument de compère Pierre. 2 ovales en travers, au trait.

378. **Watson.** Les oies de frère Philippe, rond, in-fol. en bistre, d'après *Bunbury*.

---

379. **Copia.** La jolie baigneuse sortant du bain. Ovale equarri, in-4, d'après *Barbier*. Superbe ép. avant la lettre, marge vierge. Collection Leblond.

380. — La même avec la lettre. Très belle ép.

381. — Le maréchal-ferrant de la Vendée, in-fol. Superbe ép. avant la lettre, marge, d'après *Sablet*.

382. **Colson** (d'après). Le repos : Jeune fille dormant, le chat guette son oiseau, in-fol., par *N. Dupuis*. Très belle ép., marge.

383. **Courtin** (d'après). Artémise, par Mathey. — Loin de sa mère, amour etc., par *I. B. de Poilly*. 2 p. in-4, marge. Très belles.

384. — Ce chien qui m'obéit doit servir de modèle, etc., par *I. B. de Poilly*, in-4. Superbe ép., marge.

385. — L'amant complaisant, par *Aubert*, petit in-fol. Belle ép., toute marge.

386. — L'Amour médecin, par *Mathey*. Superbe ép., grande marge.

387. — Amour d'Angélique et Médor, in-fol., par *Jacob*. Très belle ép., grande marge.

388 — Danaé visitée par Jupiter métamorphosé en pluie d'or, in-fol. en travers, par *L. Surugue* 1722.

389 **Courtois.** Quatre Amours ornant de perles une petite fille. Ce groupe orne une tapisserie destinée à servir de titre. Superbe et rare eau-forte pure, d'après *Flogé*, in-4, petite marge. Collection Le Blanc.

390 **Coypel** (d'après Ant.). Renaud et Armide, in-fol.

391 — La Madeleine, par *Duchange*. — Vénus et l'Amour, par *Desplaces*. — Le bain de Diane, par *Le Bas*. 3 p. in-fol. Très belles ép., toute marge. Chalcographie.

392 — Quos ego. Neptune arrêtant la tempête, par *B. Picart*. — Ite deæ pelagi. Embrasement des vaisseaux d'Enée et leur métamorphose en Néréides, par *Beauvais*. 2 p., très grand in-fol. Superbes ép., marge vierge.

393 **Coypel** (d'après N. N.). Vite cachez ces appas, etc. — Cette glace insensible, d'après *Natoire*. 2 p. in-4. Très belles ép.

394 **Coypel** *Junior invenit et fecit*. Allégorie sur le mariage du Dauphin, petit in-fol.

395 **Coypel** (d'ap. Ch.). Les Saisons. 4 bustes de jolies femmes, par *Ravenet*. Très belles ép., marge.

396 — Ce dépit n'est pas redoutable, in-4, chez *Surugue*. 1747. 1er état. (C'est Mme Favart donnant des pichenettes au portrait du Maréchal de Saxe). Très belle ép., toute marge. Collection Laberaudière.

397 — Clitie changée en tournesol, par *Surugue*, petit in-fol.

398 — Zéphir et Flore, petit in-fol., avant toute lettre, marge. Très belle ép., rare. Collection Camberlyn.

399 — L'Amour de village ou l'amour naïf, in-fol., par *Lépicié* 1732. Belle ép.

400 — L'Amour en magister fait lire des jeunes filles dans l'art d'aimer, par *Lépicié* 1730. Très belle ép., grande marge.

401 — La France rend grâce au ciel de la guérison du Roi, par *Petrus Surugue filius*, in-fol. Superbe ép., grande marge.

402 — La Folie pare la décrépitude des ajustements de la jeunesse, par *Surugue* 1745. Superbe ép., avant toute lettre, grande marge.

403 — La jeunesse sous les habillements de la décrépitude, par *Renée Elisabeth Marlié Lépicié*, 1751. Superbe ép. d'une des plus jolies pièces de l'époque (c'est le portrait de Mme Coypel), d'ap., la note du temps, sur l'épreuve de la bibliothèque.

404 — Les Amours forgerons, par *Desplaces*, in-fol. Très belle ép. Chalcographie.

405 — Vénus sur les eaux, in-fol., par *Desplaces*. Belle ép., marge.

Piat 15 406 — Scènes de Molière, in-fol. M. de Pourceaugnac, par *Joullain*, sans marge. 3

Gosselin 43 407 — Georges Dandin. Très belle ép.

Gosselin 52 408 — L'Escole des femmes, par *Joullain*. Superbe ép. Ces pièces sont très rares.

Piat 6 409 — L'Amour et Psyché, grand in-fol. Superbe ép. avant toute lettre, marge. 8

4 410 — Persée délivre Adromède, par *Louis Surugue* 1732. Superbe ép. grand in-fol., toute marge. Collection Roth. 7

Vig 8 411 — Thalie chassée par la Peinture, par *Lépicié* 1733. Superbe ép., grand in-fol., marge. Collection Roth. 11

26 412 — Jeu d'Enfans, critiques sur les modes de l'époque, par *Lépicié*. Superbe ép. d'une charmante composition. 6 — Bouard 6

5 413 **Crivelari.** Scène d'intérieur, d'après le tableau de *Jules Romain* dans la galerie du roi de Prusse, à Sans-Souci, petit in-fol., toute marge.

Vig 19 414 **Cunego.** Jeune prince décoré et jeune princesse suivis d'un nègre, grand in-fol. Superbe ép. avant la lettre. — White 30

2 415 **Dambrun.** Tombeau d'une mère, la dame Langhanss, très grand in-8 d'après *Le Barbier*, toute marge.

Vig 13 416 **Danloux** (d'après). Ah ! si je te tenais. — Je t'en ratisse. 2 p. in-4. par *Beljambe*. Très belles ép. — L. B.

1.50 417 **Danzel.** Vénus et Enée, in-fol., d'après *Boizot*.

418 **Darcis.** Extravagance and dissipation, d'ap. *Singleton.* — The effets of extravagance, d'ap. *Moreland.* 2 p. Très grand in-fol.

419 — Le trente et un, ou la maison de prêt, sur nantissement. Composition de dix-sept joueurs d'expressions diverses, d'ap. *Guerain*, marge. Très belle ép.

420 **Daudet.** La fileuse, d'après *Ostade.* Superbe ép. avant la lettre, in-4, grande marge.

421 **Daullé.** Climène essayant les flèches de l'Amour, petit in-fol., d'après *Nonotte.* Superbe ép., marge, rare.

422 — L'Enfant qui joue avec l'Amour, in-fol. d'ap. *Van Dyck.*

423 — Jupiter et Semelé, grand in-fol. Superbe ép. avant toute lettre.

424 **Davesne** (d'après). Les prunes, gracieuse jeune fille, rare ép. d'eau-forte pure.

425 **David.** L'agréable désordre. La promesse du retour. 2 p. gracieuses, d'après *Tischebein.* In-fol.

426 — Le marché aux herbes d'Amsterdam, d'ap. *G. Metzu.* Très grand in-fol. Très belle ép. avant les mots, qui est au Museum.

427 — Thesée domptant le taureau de Marathon. Très grand in-fol., d'après *Vanloo.* Très belle ép. avant toute lettre.

428 **Debucourt.** Recueil des têtes et coiffures modernes à l'usage des jeunes personnes qui dessinent nos 2, 4, 5, 7. Rares. 4 p., grande marge.

429 — La servante congédiée, in-8, très rare. Très belle ép.

430 — Vent devant, vent derrière. 2 jolies pièces. Très belles ép., marge vierge.

431 — Lise poursuivie. — Le Songe réalisé. Deux charmantes pièces in-4, très rares.

432 — Anglais en habit habillé? in-fol. D'après *C. Vernet*. Superbe ép. avant toute lettre.

433 — Danseuse Nach Hamburg (Mme Saqui?). Treize spectateurs admirant son talent, petit in-fol. avant toute lettre. Superbe ép. très rare.

434 — Pauvre Annette. Gravé au pinceau, in-fol. Superbe ép., marge, très rare. Collection Leblond.

435 — L'Oiseau privé, gravé au pinceau, in-fol. Très belle ép. rare.

436 — L'Enfant soldat ou les Amusements de famille, manière noire, in-fol., marge, très rare.

437 — La Rose mal défendue, in-fol., très belle ép., marge.

438 — La Croisée. Charmante composition sur l'amour filial. Grand in-fol., superbe ép.

439 — Jouis, tendre Mère. Magnifique ép. avant la lettre, marge, collection Behague.

440 — Le Bouquet présenté. Très grand in-fol., belle ép. Collection Mulbacher.

441 — La Bénédiction paternelle ou le Départ de la Mariée, très belle ép. Très grand in-fol., grande marge.

442 — Marchand de Vin des environs de Rome. — Retour des Champs. Deux pièces in-fol., d'ap. *C. Vernet*, en noir, toute marge.

443 — Les Joueurs de boule. D'après *C. Vernet*, in-fol., marge, tachée.

444 — Le Joueur de cornemuse. D'après *C. Vernet.* Superbe ép. avant toute lettre, toute marge. Collection Leblond.

445 — La Récréation, école des filles, très rare. — L'École en désordre, les garçons. Deux pièces in-fol. belles ép.

446 — Le Bottier ou le Baiser à propos de bottes, in-fol. Très belle ép. sans marge. Collection Leblond.

447 — Le Tailleur, in-fol. Très belle ép., toute marge.

448 — Le Coiffeur, in-folio. Superbe ép., toute marge.

449 — Le Marchand de Galette du boulevard St-Denis, surnommé Coupe-toujours, in-fol. Très belle ép., toute marge.

450 — Le Café ambulant, in-fol. Très belle ép., toute marge.

451 — Les Petits Messieurs ou les Adolescents à la mode. Très belle ép., in-fol., marge.

452 — Les Galants surannés ou les petits Papas à la mode, in-fol. Très belle ép., marge.

453 — La Femme et le Mari ou les Époux à la mode, in-fol. Très belle ép. marge.

454 — La Coquette et ses filles ou une Mère à la mode, in-fol. Très belle ép., marge.

455 — Les Visites. Pièce curieuse pour les costumes et sa publication le premier jour du XIXe siècle. Très belle ép., in-fol., marge.

456 — L'Orange ou le moderne Jugement de Pâris. Très belle ép., marge. Pièce intéressante pour les mœurs et costumes, in-fol., marge.

457 — L'Innocente du jour. Magnifique ép., in-fol., toute marge. Collection Mulbacher.

458 — Frascati, *dessiné d'après un croquis pris sur le lieu et gravé par P. L. Debucourt.* Charmante pièce en noir, très rare et curieuse pour les costumes et mœurs du temps, toute marge, superbe ép.

459 — La Perruque enlevée, effet de coup de vent, in-fol., rare, très belle ép.

460 — La Manie de la Danse, scènes pittoresques. Grand in-fol., remargé, très belle ép., rare. Collection Béhague.

461 — Les Courses du matin ou la Porte d'un Riche, an XIII (1805). Très belle ép., marge, grand in-fol. Costumes et types de l'époque.

462 — Les premiers pas de Paul et Virginie. — Berceau de Paul et Virginie. Deux p. ovales en travers, in-fol., très belles ép., marge, lettre grise.

463 — Un Gourmand. Ovale, in-fol., en travers. Le tableau servait d'enseigne au Palais-Royal. Très belle ép., marge.

464 — Minet aux aguets. Très belle ép., ovale, in-fol., toute marge.

465 — Le Printemps ou les Amants. Très grand in-fol., très belle ép. marge, a été plié. Collection Leblond.

466 — La Main chaude. Très grand in-fol., collection Leblond.

467 **Debucourt** (D'après). Les Voisines laborieuses, par Angélique Moitte. Superbe ép., in-4.

468 — Un Marchand d'images vient de vendre le portrait de Louis XVI dans une ferme de Normandie. Petit in-fol. Superbe et très rare ép. d'eau-forte pure avant toute lettre, marge.

469 — Le même terminé, au bas *Vive le roi!* et le récit d'un invalide. Superbe ép., rare, toute marge.

470 — Le même, avec *Réception du décret* du 18 floréal, aux braves habitants des chaumières; au fond les bustes de la Liberté et de l'Égalité. Très belle ép. marge.

471 — Le même, avec *la Joie du peuple français* à l'annonce du traité de paix avec l'empire ; à la place de la Liberté est Bonaparte, à la place de l'Égalité est la Paix, belle ép., marge. Ces 4 p. sont de la collection Laberaudière.

472 — Le Juge ou la Cruche cassée. In-fol., par *Le Veau*, superbe ép. avant la lettre, marge. Collection Leblond.

473 — L'Instruction villageoise, par *Glairon Mondet*. Belle épr., toute marge.

474 **De Launay** (R.). L'Acte d'humanité, d'après *J. de Fraine*, belle ép. in-fol.

475 **De Launay** (N.). La Chute dangereuse, d'ap. *Meyer*. Superbe ép. grand in-fol., toute marge.

476 — Marche de Silène, d'après *Rubens*. Très belle ép., in-fol., marge.

477 — La Partie de plaisir d'après *Weenix*. Très grand in-fol. avant la dédicace, très belle ép. Condition malade.

478 **Demoneby**. L'Amant dangereux. — La Bergère couronnée. — L'Heureux tête-à-tête. — Le Repos agréable. 4 p. sujets gracieux d'ap. *B. Lang*. Petit in-fol.

479 **Dennel**. Le Triomphe de Galathée, in fol., avant toute lettre. Superbe ép., marge.

480 **Denon**. Retour d'Austerlitz, Scènes militaires, la Danse et autres, huit eaux-fortes.

481 — L'Innocence traînée devant le tribunal de l'ignorance, d'après *Raphaël*, eau-forte, in-fol. Superbe ép., marge.

482 **Deny** (chez). Le Lacet raccourci, ovale en travers, grand in-4. Superbe ép., marge.

483 **Depeuille** (chez). L'Héroïne du jardin Égalité, avec chanson de huit vers amusants, manière noire, petit in-fol., très rare. Collection Bonnomet de Vedreuil.

484 **Deshayes** (d'ap.). La Fidélité surveillante. In-fol. par *Hémery*, très belle ép.

485 — Érigone vaincue. Grand in-fol. par *P. Car. Levesque*, superbe ép., avec les armes avant la lettre, marge. Collection Roth.

486 — La Résistance : Suzanne et les Vieillards, in-4, en travers. Superbe et rare ép., avant la bordure, marge.

487 — La même, terminée par *Nicollet*, avec la bordure. Superbe ép.

488 **Desplaces.** Léda, d'ap. *Véronèse*. Belle ép. petit in-fol.

489 — L'Amour heureux, d'après *Paul Véronèse*. In-fol., très-belle ép., marge.

490 — Paul Véronèse entre le Vice et la Vertu, belle ép. in-fol., toute marge.

491 **Desportes** (d'après). Chasse au Loup. — Chasse au Sanglier. 2 p. grand in-fol. par *Joullain*. Très belles ép.

492 **Desrais** (d'après). Le Maître galant, par *L. S. Berthet*, in-4, entourage orné de roses. Très belle ép.

493 — Le Bal masqué, in-4, par *Berthet*. Très belle ép. petite marge.

494 — Le Serment à la mode. — Le Bouquet dangereux. 2 p. in-4. Très belles ép.

495 — Promenade du boulevart italien, avril 1797, in-fol., rare. Superbe ép.

496 **Desrochers.** Danae. — Léda. 2 p. in-fol., d'après *Corrége*, belles ép.

497 **De Troy** (d'après). Soit d'un Époux, soit d'un Amant... Jeune dame lisant une lettre à sa fenêtre, par *J. Chereau*. Petit in-fol., très belle ép., marge.

498 — L'Ornement de l'esprit et du corps, par *Surugue*. Jolie p., très belle ép.

499 — L'aimable Accord, par *Le Tournay* : concert à trois. Belle ép. in-fol., marge.

500 — Le Jeu de pied de bœuf, charmante composition de trois personnages, très belle ép., in-fol., par *Cochin*, très rare. Collection Laperlier.

501 — La Déclaration à la fontaine, in-fol., par *Cochin*, très belle ép., très rare. Collection Laperlier.

502 — La reine-de-Saba, par *Cl. O. Gallimard*, in-fol. Superbe ép., grande marge. Collection Roth.

503 — Retour du bal, grand in-fol., très rare ép. d'eau-forte pure.

504 — Toilette pour le bal. — Retour du bal. 2 p. par *Beauvarlet*, grand in-fol. Très belles ép., toute marge, avant que Tiré du cabinet de M. Prousteau soit effacé. Collection Mulbacher.

505 — Danaé, Jupiter en pluie d'or, par *Daullé*, grand in-fol., avant la lettre, très belle ép. Collection Leblond.

506 — Léda, grand in-fol. par *Fessard*, très belle ép., grande marge.

507 — Le prix de la beauté, in-fol. par *Daullé*. C'est le jugement de Pâris. Superbe ép.

508 — Salmacis et Hermaphrodite, in-fol., très belle ép. par *Daullé*, marge.

509 — Triomphe de Galathée, très grand in-fol. par *Levasseur*.

510 **Dietricy**. Les musiciens ambulants. Superbe et très rare ép., avant le n° 69 sur le tonneau, in-4, très grande marge. Collection Debois.

511 **Dietricy** (d'après). 1° ruine romaine, in-fol. par *N. De Launay*, toute marge,

512 **Drouais** (d'après). Jolie petite fille faisant des bulles de savon, jouant avec son chat. — Petit garçon faisant un château de cartes. 2 p. par Louise *Adelaïde Boizot*, très belles ép. petit in-fol.

513 — Petit garçon portant son polichinelle — Petite fille qui retrousse sa chemise par derrière. 2 p. Superbes ép., petit in-fol. grande marge, gravées par *Hémery*.

514 **Duchange**. Léda, d'après *Corrège*, la composition entière, grand in-fol.

515 **Duclos** (d'après). Le Bouquet déchiré. — Le Délire. 2 charmantes petites pièces gracieuses, grand in-8. Superbes ép. très rares.

516 **Duflos** (C.). Les Saisons, 4 jolies femmes, ovales équarris, in-8, très belles ép. d'après la *Rosalba*.

517 **Dugoure** (d'après). Le lever de la mariée, par *Trière*, in-fol., très belle ép., riche chambre à coucher, marge.

518 **Dumarais** (chez). Le départ imprévu — La proposition. 2 petits ronds, très belles ép. toute marge. Collection Leblanc.

519 **Dumenil** (d'après). La dame de charité, in-fol. par *Elis. Claire Tournay*. Superbe ép. grande marge. Collection Roth.

520 — Le prêtre de catéchisme, in-fol., avant toute lettre. Superbe ép. Collection Roth.

521 **Dumonchel** (d'après). Le bain. — Le nourrisson. 2 jolies p. par *Dupin*, petit in-fol., très belles ép.

522 **Dupuis.** La toilette de nuit, très belle ép., grand in-4, d'après *Boonen*.

523 **Dutailly** (d'après). La promenade du matin, in-fol, par *Chaponnier*. 2 ép., l'une sans marge, très rare, avant la figure changée.

524 **E. L. S.** (d'après). Vénus châtiant l'Amour, in-fol., très belle ép., avant toute lettre, petite marge. Collection Mulbacher.

525 — L'Amour châtié par sa mère, c'est la même avec la lettre, très belle ép.

526 **Earlom.** Vase de fleurs. — Groupe de fruits, d'après *Van Huysum*. 2 manières noires, in-fol., magnifiques ép. avant la lettre, grande marge.

527 — Abraham recevant Agar, manière noire, très grand in-fol d'après *V. der Werff*. Superbe ép. avant la lettre,

528 — A. Lady reading, in-fol. d'après F. Boll, marge.

529 — A Fruit, pièce in-fol. en travers, manière noire, d'après *Campidoglio*. Superbe ép. toute marge.

530 — The exhibition of the Royal Academy of painting in the year 1771. — Intérieur du Panthéon de Londres. 2 p. manière noire, grand in-fol. Superbes ép. avant la lettre, d'après *Brandouin*. Collection Laberaudière.

531 — The exhibition of the Royal Academy, 1771, avec la lettre, très belle ép.

532 — 1773. The Royal Academy of arts, manière noire, très grand in-fol. d'après *Zoffanii*. Très belle ép. avec la feuille explicative.

533 **École anglaise**. The toilet. — Pretty Miss. — la même Preserving the young. 3 p. manière noire, petit in-4.

534 — Angelina — Pomona — Jeune femme lisant, avant la lettre, 3 p. in-4, manière noire.

535 — The Friends — Damon et Delia. 2 p. manière noire, in-fol., marge.

536 — Little Gipsey and Pretty umbrella — The Fare-well. 2 p. manière noire, in-fol.

537 — Kew gardens — Grief. 2 p. manière noire, in-fol.

538 — The billet doux — The agreable surprise. 2 p. in-fol., manière noire.

539 — The refusal — The rival milleners. 2 p. in-fol., manière noire.

540 — Old weath sheaf in the trap of Venus and Bacchus — A Tale from Chaucer — Le sergent allemand en crue. 3 p. in-fol., manière noire.

541 **Eisen** pater (d'après). Le lunettier, petit in-fol., par *Dupuis*, petite marge.

542 — Le plaisir malin, par *Halbou*, petit in-fol., belle ép.

543 — L'optique, par *Henriquez*, sujet amusant, très belle ép., petit in-fol., marge.

544 — L'Espièglerie, par *Henriquez*. Superbe ép., petit in-fol., marge vierge.

545 — La marchande de plaisirs — La marchande de chansons. 2 p. in-fol., par *P. L. Cor*, très belles ép.

546 — Le beau commissaire — La jolie charlatane. 2 p. in-fol. par *L. Halbou*, très belles ép. toute marge.

547 — La sultane reconnaissante, in-fol. par *Macret*, belle ép. marge.

548 — Amusements de la jeunesse : deux enfants faisant chanter un chat, par *Nicolas Dupuis*, 1762; in-fol., belle ép. toute marge.

549 — Déguisements enfantins, in-fol., par *Dupuis*, très belle ép. toute marge.

550 — L'Amour en ribotte, par *Halbou*, très belle ép. avant toute lettre, petite marge.

551 — Les dragons de Vénus, in-fol., par *Halbou*. Très belle ép. avant toute lettre, petite marge.

552 **Eisen** (C.) *fec.* La Justice et la Vérité, voute plafond, eau-forte, petit in-4 en travers. Superbe ép., marge.

553 **Eisen** (d'après Ch.). Le modèle enchanteur, ou le génie de la sculpture (Pygmalion), petit in-fol., par *D'Ab.* Très belle ép., entourage richement orné.

554 **Eisen** (d'ap.). Les premiers aveux, par *Dorgez*, jolie pièce in-fol. Très belle ép. très rare, petite marge.

555 — La sollicitation amoureuse, jolie femme prête à se mettre au bain, petit in-fol., par *Le Beau*, rare.

556 — Le Bouquet, in-fol., par *Gaillard*. Belle ép., marge. La mère est dirigée à droite.

557 — Le Bouquet, in-fol., par *Daudet fils*. La mère dirigée à gauche. Très belle ép, toute marge.

558 — La Comète, scène de jeu de carte, par *Le Bas*, in-fol. Très belle ép.

559 — La vieille de belle humeur, par *Chevilet*, 1757. Très belle ép. in-fol. avant la lettre.

560 — Les villageois, in-fol., par *De Fehrt*. Très belle ép., marge.

561 — L'amour asiatique, in-fol., par *Basan*. Très belle ép. toute marge. Collection Leblond.

562 — L'amour européen, in-fol., par *Basan*, jolie composition. Très belle ép. Collection Leblond.

563 — La Vertu sous la garde de la Fidélité. Très rare ép. avant les armes et avant la bordure, terminée dans le bas, in-fol.

564 — Les désirs satisfaits, in-fol., par *Patas*,

565 — Le jour du mariage, in-fol., par *Patas*. Très belle ép.

566 — La nuit du mariage, in-fol., par *Patas*. Très belle ép.

567 — Le bal champêtre, in-4 en travers. Très belle ép., par *Nilson*, marge.

568 — La belle nourrice, in-4, par *De Longueil*, belle ép.

569 — Le bal champêtre, par *De Longueil*. Très belle ép.

570 — Les plaisirs champêtres, par *De Longueil*. Très belle ép.

571 — Le matin — Le midi — L'après-midi — Le soir. 4 p. in-4, par *De Longueil*. Superbes ép. grandes marges. Très rare de cette condition.

572 — L'Été, in-4, par *De Longueil*. Magnifique ép. avant toute lettre, marge. Très rare. Collection Leblanc.

573 — Le Printemps — l'Été — l'Automne — l'Hiver. 4 p. in-4, pas *De Longueil*. Superbes ép. grandes marges. Très rare de cette condition. Collection Leblond.

574 — 1769. Bacchanale, eau-forte, petit in-fol., par *le Hardy de Famars*. Très belle ép., rare.

575 — Concert méchanique, inventé par R. Richard. 9. 1769. Gravé par *De Longueil*, petit in-fol. Superbe ép. Très rare avec le lustre, grande marge. Collection Mulbacher.

576 — Le même, le lustre effacé. Très belle ép.

577 — Le vieux débauché, par *Voderf*, petit in-fol. rare. Très belle ép., marge. Collection Roth.

578 **Elluin**. Un tendre engagement va plus loin qu'on ne pense, avant toute lettre. — Achève ton ouvrage, n'oublie pas la dernière. 2 p. in-fol.

579 **Facius**. Danaë, avant la lettre. grand in-fol., d'après *Titien*. Superbe ép. Collection de Corneilhan.

580 **Fessard**. Fronton de la place Royale de Bordeaux., 6 compositions, petit in-fol, en travers. Superbes ép. toute marge. Cahier.

581 — Naissance de Vénus, d'après *de Troy*. Très belle ép., très grand in-fol., marge vierge. Chalcographie.

582 **Fessard** et **A. Saint-Aubin**. Fête flamande, d'après *Rubens*, d'après le tableau du Louvre, très grand in-fol., eau-forte pure, avant toute lettre (E. B. page 259). Très belle ép. remargée comme chine.

583 **Filloeul**. Le milieu du jour, scène de repos. L'après-*Dînée*. 2 p. in-fol., belles ép.

584 **Folkema**. (J.) 1763. (l'alchimiste), d'après *Caspar Netscher*, grand in-fol. Très belle ép.

585 **Forest** (d'ap.) La nouvelle mariée, pièce rare, petit in-fol., marge.

586 **Fortier** *sculp*. Le café politique, an XIIe, types curieux de l'époque. Superbe eau-forte. grand in-fol. d'une grande fermeté, rare. Superbe ép. Collection Laberaudière.

587 **Fragonard** (J. Honoré). Antoine et Cléopatre à table, eau-forte originale, d'après *Tiepolo*. Superbe ép., 1er état avant le numéro 6. (P. de B. 23), marge.

588 — 1778. Les traitants, grand in-4. (P. de B. 1). Très belle ép., eau-forte originale.

589 — Le parc, eau-forte originale, grand in-8 en travers (P. de B. 4). Très belle ép., marge. Collection Leblanc.

590 — Les quatre Satyres, imitant des bas-reliefs antiques (de B. 6. 7, 8 9), eaux-fortes originales. 4 p., belles ép. Collection Leblanc.

591 — 1778. L'Armoire, grande et belle eau-forte originale, pièce capitale du maître, grand in-fol. Très belle ép., marge.

592 — Femme tenant son enfant de ses deux bras élevés, eau-forte attribuée à Fragonard, in-4, avant toute lettre, très rare, marge du cuivre.

593 **Fragonard** (d'après H.). Fant Fant, petit ovale, par *Delaneau*, marge.

594 — Jeune fille de face en buste, les yeux au ciel, ovale in-8, par *Picot*. Superbe ép., marge.

595 — Le moment favorable : Deux amants s'embrassent, petit in-fol, par *Berthet*, entourage orné. Très belle ép., marge, rare.

596 — Les Désirs de l'amour accomplis. in-4. Superbe ép., marge vierge, extrêmement rare, sans aucun nom d'artistes. Collection Mulbacher.

597 — Le baiser dangereux, par *Flipart*; un petit amour embrassant une jeune fille. Superbe ép., petit in-fol., marge. Collection Leblond.

598 — L'instant désiré — Le baiser amoureux, 2 p. petit in-fol. Sans nom de graveur.

599 — Les mêmes sujets sans titres, in-fol., par *Marchand*, entourages ornés de fleurs (connus sous le nom des Baisers). Superbes ép.

600 — Serment d'amour, petit in-fol., par *Audebert*.

601 — L'amour en sentinelle, in-fol., par *Míger*. Très belle ép.

602 — L'amour sacrifiant ses ailes à l'amitié, par *Alix*, jolie pièce. Très belle ép., rare.

603 — L'amour ingénieux, Télémaque et Eucharis. 2 p. ovales in-fol. Très belles ép., marge. Collection Roth.

604 — S'il m'était aussi fidèle, in-fol., par *Dennel*. Très belle ép.

605 — Le chiffre d'amour, par *N. De Launay*, in-fol. Très belle ép.

606 — La Coquette fixée, in-fol., par *Couché* et *Dambrun*. Très belle ép.

607 — La fuite à dessein, par *Macret* et *Couché*, in-fol. Très belle ép. avant la dédicace.

608 — La chemise enlevée, par *Guersant*, pièce gracieuse, in-fol. Très belle et très rare.

609 — Le Colin-Maillard, la Bascule. 2 p. in-fol., par *Beauvarlet*. Superbes ép., toute marge.

610 — Les jeunes sœurs, grand in-fol., par *Vidal*. Très belle ép., rare.

611 — Le songe d'amour, très grand in-fol., par *N.-F. Regnault*. Superbe ép., les noms et titres tracés à la pointe, rare.

612 — La Fontaine de l'Amour, très grand in-fol., par *N.-F. Regnault*. Très belle ép., les noms et titres tracés à la pointe, très légèrement. rare.

613 — Sacrifice da la rose, très grand in-fol., par *H. Gérard*. Très belle ép.

614 — 2ᵉ vue, près de Carpentras, par *Vieilh*. — Annette à l'âge de 15 ans, par *Godefroy*. 2 p. petit in-fol en travers.

615 — La danse de l'ours in-4, par *Varin*. — Le même sujet, eau-forte, petit in-fol., par *St-Non*. 2 p. Très belles.

616 — Annette à l'âge de quinze ans. — Annette à l'âge de vingt ans. 2 p. petit in-fol., par *Godefroy*. Très belles ép.

617 — Les pétards. — Les jets d'eaux, petit in-fol., par *Auvray*. — Les mêmes sujets réduits avec titre, la nuit des noces. En tout, 5 p.

618 — Dites donc s'il vous plaît, in-fol., par *N. De Launay*. Très belle ép., toute marge, le texte en bas a des parties enlevées par un papier qui était collé.

619 — La forza dell'Educazione, par *Eredi*. — L'innocenza eloquente, par *Cecchi*. 2 p. in-fol. rares.

620 — Les beignets, in-fol., par *N. De Launay*. Superbe.

621 — L'Innocence inspire la tendresse, in-fol. par *Voisard*. Très belle ép. avant la dédicace et avant le changement.

622 — Le verre d'eau, eau-forte pure. Très rare avant le changement, entourage orné de roses. Superbe ép. in-fol.

623 — Le même, terminé par *N. Ponce*. Très belle. moderne

624 — Le Pot-au-Lait, in-fol. par *N. Ponce*. Très belle ép., grande marge.

625 — La cachette découverte, in-fol., par *N. De Launay* le jeune. Superbe ép., marge vierge.

626 — Ma chemise brûle. Jolie composition, in-fol. par *Aug. Legrand*. Très belle ép.

627 — Invocation à l'amour, in-fol., avant toute lettre, marge, d'une grande rareté.

628 — La famille du fermier, in-fol. *Beauvarlet direxit*. Très belle ép.

629 — Le verrou, par *Blot*, in-fol. Très belle ép. avant la dédicace.

630 — Le Contrat, par *Blot*, in-fol. Très belle ép.

631 — Le baiser à la dérobée, in-fol. par *Regnault*.

632 — La gimblette, grand in-fol. par *Bertony*. Très belle ép. avant toute lettre et avant le changement. Très rare.

633 — Le même avec la lettre, sur papier vélin.

634 — La résistance inutile, grand in-fol. par *Regnault*.

635 — La Saint-Nicolas, grand in-fol., avant toute lettre. Très belle ép.

636 — Le temps orageux, par *J. Mathieu*. Très grand in-fol. Superbe ép., toute marge, un trou de ver dans le ciel.

637 — Corésus s'immolant à la place de Callirhoe. Très grand in-fol. par *Danzel*.

638 **Fragonard** et Mlle **Gérard** (d'après). L'enfant chéri, grand in-fol. par *Vidal*. Très belle ép.

639 **Fragonard** fils (d'après). Jeune fille enlevée par l'amour. L'amour enseignant à danser à une jeune fille. 2 p. par *Roger*, toute marge. Douce rêverie, par *Cazenave*. 3 p. in-fol.

640 **Fredou.** Source des grâces; c'est le portrait d'une jolie femme qui orne ses cheveux de perles. Superbe ép., marge.

641 **Freudeberg** (d'après). Le lever, in-fol. par *Romanet* (1). Très belle ép., grande marge.

642 **Freudeberg** (d'après). Le Bain, in-fol., par *A. Romanet* 1774. (2).

643 **Freudeberg** (d'après). La Toilette, in-fol. par *Voyez l'aîné* 1774. (3). Superbe ép., toute marge.

644 — L'Occupation, in-fol., par *Lingée* (4). Superbe ép., grande marge.

645 — La visite inattendue, in-fol. par *Voyez l'aîné* 1774 (5). Très belle ép., marge.

646 — La promenade du matin, in-fol. par *Lingée* 1774 (6). Très belle ép., marge.

647 — Le boudoir, in-fol. par *P. Maleuvre* 1774 (7). Très belle ép., grande marge.

648 — La promenade du soir, in-fol. par *Ingouf junior* 1774 (9). Très belle ép., marge.

649 — La soirée d'hiver, par *Ingouf junior* 1774. Superbe ép. in-fol., avant le n° (10). Marge.

650 — L'événement au bal, in-fol. par *Duclos* et *Ingouf junior* (11). Superbe ép., toute marge.

651 — Le coucher, in-fol., par *Duclos et Bosse* (12). Très belle ép., marge du cuivre.

652 — Les mœurs du temps. On épouse une femme, on vit avec une autre et l'on n'aime que soi, in-fol. par *Ingouf l'aîné*. Superbe ép. avant la planche réduite et le titre changé en celui de La Surprise, grande marge.

653 — L'heureuse union, in-fol. par *Bosse*, avant la réduction de la planche. Très belle ép.

654 — La complaisance maternelle, in-fol. par *N. De Launay*. Superbe ép., lettre grise, avant la dédicace, grande marge.

655 — Lison dormait, par *Trière*, jolie p. Très belle ép., grande marge.

656 — Le galant chirurgien, par *Trière*, in-fol.

657 — La gaieté conjugale, in-fol. par *Delaunay*. Superbe ép.

658 — Le soldat en semestre. Le négociant ambulant. 2 p. in-fol. par *Ingouf*. Magnifiques ép. avant la lettre.

659 — Les adieux du laboureur. — Le musicien du hameau. 2 p. in-fol., par *Trière*. Superbes ép., toute marge.

660 — Le présent du fermier, in-fol. par *Le Beau*. Belle ép.; toute marge. Collection Mulbacher.

661 — Le présent de la fermière, in-fol. par *Feigl*. Superbe ép. avant toute lettre, marge, très rare.

662 — Le soldat en semestre. — La famille en goguette. — La gaieté conjugale. — La félicité villageoise. 4 p.

663 **Freudenberger** (d'après). La petite fête imprévue. — Les chanteuses du mois de mai. Scènes suisses, grand in-4 en travers au trait, par *F.-G. Lardy*. 2 p. Superbes, toute marge.

664 — Scènes d'amants. 2 p. sur la même planche, petit in-4, avant toute lettre, rarissime. Superbe toute marge.

665 **Gainsborough** (d'après). A Shepherd, par *Earlom*. — Gill and piggs, par *Dickinson*. 2 p. manière noire, in-fol., grande marge.

666 **Garnier** (d'ap. Michel). Ils sont d'accord, par *Mariage*. Jolie p., rare, grand in-fol., toute marge. Très belle ép.

667 **Gasbois** (d'après). L'appât du bonheur. — Le bonheur interrompu. 2 p. in-fol., par *J. B. Gautier*. Superbes ép., toute marge.

668 **Gaucher** (C. S.) 1789. Arthémise, in-4 avant la lettre, d'après *I. Verner*. Superbe ép., toute marge.

669 — Hommage rendu à la mémoire de Mirabeau. Allégorie d'après *Groenia*. Des amours couronnent son buste dans les nuages. Superbe ép., lettre grise avant le texte dans la tablette, in-fol., marge.

670 **Gérard** (d'après Mlle). Le petit Espagnol, ovale entouré de fleurs, grand in-fol. par *Miger*. Belle ép.

671 — L'heure du rendez-vous, in-fol., par *H. Gérard*. Très belle ép.

672 — Le triomphe de Minette, grand in-fol. par *Vidal*. Très belle ép.

673 — (La Romance ?) Composition de quatre personnes. Très grand in-fol. par *H. Gérard*. Très belle ép. avant la lettre.

674 — L'art d'aimer. Très grand in-fol. par *H. Gérard*.

675 — Faites silence, très grand in-fol. par *Gérard*. Très belle ép., marge.

676 **Gibelin.** L'accouchement d'après un tableau de la nouvelle école de chirurgie. Superbe ép., in-fol., marge. Collection Roth.

677 **Gillot.** Feste de Bacchus. Feste de Diane. Feste de Faune. 3 p. in-fol., toute marge.

678 **Goepffert.** La chaufferette, rond in-fol. Superbe ép. avant toute lettre, petite marge.

679 **Grangeret** (d'après). La chute de Nanette, ovale, in-4 en travers. Très belle ép., toute marge.

680 **Gravelot** (d'après). Un concert, charmante composition, eau-forte, petit in-fol. par *St-Non.* Superbe ép., petite marge.

681 — Le lecteur, eau-forte pure, in-fol. Très belle et très rare ép., toute marge.

682 — Le même, terminé, par *Gaillard.* Très belle ép.

683 — Fondation pour marier dix filles, in-fol. par *Moreau* et *Huquier*. Très belle ép.

684 **Greuze** (d'après). Têtes de différents caractères 6 et titre orné. En tout, 7 p. petit in-4, par *Weisbrod*. Superbes ép. Collection Roth.

685 — Têtes de différents caractères, dédiées à M. J. G. Wille. 6 par *Ingouf* et titre orné. En tout, 7 p. petit in-4. Magnifiques ép., marges vierges. Collection Roth.

686 — Ah ! madame ! vous la voyez ? Jolie petite pièce par *Moreau le jeune*. Ep. avant la lettre, in-8, très rare.

687 — La Madeleine pénitente. Très grand in-8, par *Pascal*. Très belle ép. avant la lettre.

688 — La jeune nourrice, in-4 par *Moitte*.

689 — La petite mère, in-4 par *Moitte*. Superbe ép. toute marge.

690 — Le petit garçon et le chien de Terre-Neuve, par *Schultze*. Superbe ép., marge vierge.

691 — La petite fille au capucin, par *Ingouf*, in-4. Superbe ép., toute marge.

692 — (La petite liseuse), petit in-fol., par *Marie L. A. Boizot* 1766. Superbe ép., marge vierge.

693 — Le doux regard de Colette, petit in-fol. par *Dennel*. Belle ép.

694 — La jeunesse studieuse, in-fol. par *C. Le Vasseur*. Superbe ép., toute marge. Collection Behague.

695 — Paul, — Virginie. 2 bustes d'enfants, in-fol. par *H. Guttemberg*. Superbes ép., marges vierges. Collection Roth.

696 — A Bacchante, in-fol. d'après *H. Meyer*.

697 — Jeune fille pelotant du fil et jouant avec son chat, in-fol. par *J.-J. Flipart*. Très belle ép., grande marge.

698 — Jeune tricoteuse endormie, in-fol. par *Cl. Donat Jardinier*. Très belle ép., marge.

699 — Divers habillements, suivant le costume d'Italie, dessinés d'après nature, par *J.-B. Greuze*, etc. ornés de fonds, par *J.-B. Lallemand*, d'après les dessins du cabinet de M. l'abbé Gougenot.... par *Moitte*, etc. Titre fontaine dans des ruines, d'après *Lallemand*, par *Angélique Moitte*, suite de 25 p. Très belles ép., toute marge, excepté le n° 19, petite marge. Collection Roth, rare à rencontrer entière.

700 — Le repentir, in-fol. par *Moitte*.

701 — L'amour dédié au beau sexe, in-fol. par *Henriquez*. Très belle ép., marge.

702 — La Voluptueuse, par *Gaillard*. Jolie pièce gracieuse, très belle ép., in-fol. (C'est, dit-on, Gabrielle Babutti, la femme de Greuze).

703 — Le tendre Désir par *C..*, in-fol. Très belle ép., marge.

704 — Jeune fille pleurant son oiseau mort, in-fol. par *Flipart*. Très belle ép. ~~Signée Greuze au~~ revers, adresse chez Greuze.

705 — La même, adresse chez Isabey, très grande marge.

706 — L'Écolier distrait. In-fol. par *Beljambe*, superbe ép., toute marge.

707 — La petite Fille au carlin, par *Porporati*. Superbe ép. avec l'adresse, rue Thibautodé, in-fol., marge.

708 — La bonne Éducation par *Moreau* et *Ingouf*. Superbe ép. in-fol. avant toute lettre, très rare.

709 — La Paix du ménage. Jolie pièce d'intérieur, in-fol. par *Moreau* et *Ingouf*. Très belle ép.

710 — (La marchande de poissons.) Effet de lumière par *F^se Deschamps f^e Beauvarlet*, in-fol. Superbe ép., marge, Collection Roth.

711 — (Commissionnaire.) Effet de lumière par *F^se Deschamps f^e Beauvarlet*, in-fol. Superbe ép., marge vierge.

712 — (Jeune fille timide). Vue de face, in-fol, par *F^se Deschamps f^e Beauvarlet*. Superbe ép., toute marge.

Malinet 19 713 — Annette. — Lubin. 2 p. in-fol. par *Binet.* 16
Superbes ép. toute marge, Collection Didot.

14 714 — La Paresseuse, in-fol. par *Moitte.* Superbe ép., marge, Collection Didot. 13

6.50 715 — Le Donneur de sérénade, in-fol. par *Moitte.* Superbe ép. grande marge. Collection Didot. 12

Suchet 27 716 — La Privation sensible. Mère se séparant de son enfant qui part en nourrice, par *Simonet*, 1780. Superbe ép. toute marge, avant la dédicace. 26

5 717 — Le Ramoneur par *Voyez*, très belle épreuve in-fol.

Blancart 15 718 — Les Soins maternels, in-fol.: Mère donnant une leçon de tricot à sa fille. Chez *Beauvarlet*. Très belle ép., marge. 7

Schneider 4.50 719 — Les premières Leçons de l'Amour. In-fol. par *Voyez* l'aîné. 2

Teyssier 36 720 — Le Malheur imprévu : Dame qui vient de casser sa glace. Grand in-fol. par *R. de Launay*. Magnifique ép., toute marge.

Josselin 58 721 — La Philosophie endormie. (Cette pièce est attribuée à Greuze pour l'eau-forte : avec d'autant plus de raison que c'est le portrait de sa femme.) Très rare ép. d'eau-forte pure avant toute lettre. In-fol. Collection Leblanc. 35

Josselin 38 722 — La Philosophie endormie, terminée et avec la lettre *Aliamet direxit*. In-fol. Superbe ép. Collection Meaume de Nancy. 74

11 723 — (Ne l'éveillé pas). Scène maternelle, in-fol. par *Cl. Donat Jardinier*. Très belle ép. petite marge.

Genaix 15

Abbeville 20 Bourges 35 Besand 12

724 — L'Enfant gâté qui donne sa soupe au chien; in-fol. par *Maleuvre*.

725 — La Vertu chancelante : Jeune fille assise tenant une montre, grand in-fol. avant toute lettre. Signée *Greuze* et *Massard*.

726 — Offrande à l'Amour par *Macret*, grand in-fol., très belle ép., marge.

727 — La Fille confuse, in-fol. par *Ingouf*. Très belle ép. avant les lignes de dédicace, marge.

728 — Retour sur soi-même : Vieille lisant le chapitre de la Magdeleine dans la vie des Saints. Très belle ép. par *Binet*, toute marge.

729 — Les Sevreuses par *Tilliard* et *Ingouf*. Très belle ép., in-fol. marge.

730 — Les Œufs cassés, avant toute lettre, grand in-fol. Très belle ép.

731 — Le Geste napolitain par *Moitte*, grand in-fol. Très belle ép., toute marge.

732 — La Belle-Mère, par *Le Vasseur*. Très grand in-fol. Très belle ép. avec marge. Signée au revers.

733 — L'Accordée de village. Très grand in-fol. par *Flipart*.

734 — La Veuve et son Curé. Très grand in-fol. par *Levasseur*.

735 — Le Testament déchiré. Très grand in-fol. par *Levasseur*.

736 **Guérard**. Singeries amoureuses. 4 p. petit in-fol. Scènes de singes avec vers et explications très curieuses, très belles ép., très rares.

737 **Guérin.** L'Amour désarmé, d'après *Corrége.* In-fol. avant la lettre, collé.

738 **Guttemberg.** La joyeuse Bacchante. Petit in-4. d'après *Le Sueur.*

739 — Le Chimiste, petit in-fol, d'après *Mieris,* de la Galeric du Palais-Royal. Superbe ép. avant la bordure, toute marge.

740 **Hall** (J.). Venus relating to Adonis the story of Hippomenes and Atalanta. Très grand in-fol. d'après *B. West.* Très belle ép.

741 **Hallé** *invenit et sculpcit,* 1771. Adoration des Bergers. Très grand in-fol. Très belle épreuve toute marge.

742 **Hallé** (d'ap.). Le Voleur adroit, par *Patour.* Superbe ép. toute marge. Berger prenant l'oiseau d'une bergère endormie. Petit in-fol. en travers.

743 **Haugton.** *Sin pursued by Death,* grand in-fol lettre grise, superbe ép., grande marge.

744 **Haussart.** Jupiter et Sèmelé d'après *Jules Romain.* In-fol.

745 **Hemery** (chez Mlle). La Clinquaillière ambulante. In-4. Très belle ép., marge, rare.

746 **Henriquez.** Le Jugement de Pâris, in-fol. avant la lettre. Collection Leblond.

747 — Pan et Syrinx. Grand in-fol. d'après *De Troy,* 1720. Très belle ép. avant la lettre, marge.

748 **Hilaire** (d'ap. J. B.). L'Esclave heureux par *J. Mathieu.* Superbe ép. avant toute lettre et avant le changement, très rare.

749 **Hodges** (C. H.). De Haring-Vrouw. Manière noire, grand in-fol. d'après *Metzu*.

750 **Hoin** (d'ap.). L'Ecueil de la sagesse. In-fol. par *De Monchy*, très belle ép., marge.

751 **Hubert.** La Tante de Gérard Dow, peintre hollandais, in-fol. Très belle ép. toute marge.

752 — 1775. Hony soit qui mal y pense. — Hony soit qui mal y voit. 2 p. in-fol.

753 — La même. Hony soit qui mal y pense, du même sens, par *La Motte* d'après *Davesne*. Très belle ép., toute marge.

754 **Huet**, 1779. Dans un boudoir deux amants s'embrassent. Eau-forte au trait, destinée à être gouachée pour imiter un dessin in 4, superbe, toute marge, très rare.

755 **Huet** (d'après). La Déclaration. — L'Amant pressant. 2 p. petit in-fol. par *A. Legrand*.

756 — Ce qui est bon à prendre est bon à garder, par *Chaponnier*. Composition in-fol., très gracieuse. Superbe ép. avant la lettre, toute marge et avant le changement.

757 — Le même avec la lettre.

758 — L'Enfantillage : Deux petits Amours qui s'embrassent. In-4. en travers, par *L. J. Allais*. Superbe ép. toute marge.

759 — La feinte Résistance. — Le Serpent sous les fleurs. 2 p. petit in-fol. en travers. Très belles ép. avant toute lettre.

760 — La Fidélité, portrait d'Inès, par *Fessard* et *S^t. Aubin*. — La Constance, portrait de Mimi, par *Fessard*. 2 p. in-fol. (Ce sont les chiens de Mme de Pompadour). Très belles ép. grande marge. Collection Behague.

761 **Huquier**. Gibiers, nature morte, 6 p. In-4. n°s 2 à 7. Superbes ép. Vente Guichardot.

762 **Imbert** (d'après). La Curieuse, in-fol. par *Letellier*. Jolie pièce gracieuse, avant la lettre, très belle ép.

763 — La même avec la lettre, très belle ép., très grande marge.

INCROYABLES, MERVEILLEUSES

764 — (Faites la paix.) In-4. presque au trait, très belle ép., très rare.

765 — Les Impayables au Péron, rond in-8. Très rare.

766 — Les Incroyables 1797. — La Valse, 2 p. Belle ép. in-4. Collection Laberaudière.

767 — C'est mon valet Lafleur par *Lebeau*. — Faites la paix. — C'est inconcevable, tu n'es pas reconnaissable 3 p. in-4. Superbes ép., toute marge.

768 — Café des Incroyables, 1797. Ma parole d'honneur il le plaisante. In-fol. colorié. Superbe ép., marge, très rare.

769 — (Jadis). Costumes à panniers. (Aujourd'hui). Costumes de la Convention. Quatre figures. Superbes ép. in-fol. Rarissimes.

770 — Muscadin entre deux coquettes, jolis costumes. Superbe ép. in-fol., rarissime.

771 — La Danse des Croyables du temps passé, in-fol. Superbe ép., très rare.

772 — Hélas ! de vous à moi tel est la différence !!! c'est incroyable, in-fol. Superbe ép., très rare.

773 — Les Croyables actifs du Palais, ci-devant royal, in-fol. Superbe ép. toute marge, très rare.

774 — Les Croyables au tripot. Superbe ép. in-fol. toute marge.

775 — La Réponse incroyable. Bonjour, Mylord etc., in-fol. en hauteur. Superbe ép. par *Gautier*, toute marge.

776 — George se dépitte et signe enfin la paix générale. Chez Depeuille. Superbe ép. in-fol. toute marge.

777 — Les Inconcevables. *Composé dessiné et gravé par Bosio en* 1797, gravé à l'envers dans le bas. petit in-fol. Collection Laberaudière, très rare.

778 — La Poule, danse, in-fol., colorié, d'après *Bosio*. Superbe ép., marge. Collection Laberaudière, rare.

779 — Les Invisibles. Costumes excentriques de l'époque, in-fol. Colorié d'après *Bosio*. Superbe ép., marge. Collection Laberaudière, rare.

780. — Ah! beaucoup vous critiquent! mais peu vous imitent. Grand in-fol. d'après *Bosio,* par *Marchand.* Superbe ép. en bistre, rare. Collection Laberaudière.

781. — La rencontre des Merveilleuses, d'après *Baubini* par *f^e. Le Fevre.* Magnifique ép. in-fol toute marge, très rare.

782. — La rencontre des Incroyables, d'après *Bunbury,* par *Ruotte.* Magnifique ép. in-fol., toute marge, très rare.

783. — La Folie du jour par *Tresca,* in-fol. Superbe ép., marge.

784. — L'Anglomane, par *Darcis* d'après *C. Vernet* in-fol. Superbe ép. grande marge.

---

785. **Ingouf** l'aîné. Zémire et Azor, in-fol., par *Ingouf jeune.* Superbe ép. grande marge.

786. **Ingouf** jeune 1781. Le retour du laboureur d'après *Benazech.* Très belle ép. Très grand in-fol.

787. **Janinet.** Liberté. — Egalité. Statues in-fol. d'après *Moitte.* Superbes ép. montées en dessin. 2 p. Collection Laberaudière.

788. **Jazet.** Le mari n'y voit pas. Petit in-fol. en travers, manière noire, superbe ép marge. Collection Leblond.

Le dessin des figures semble de Debucourt.

789. **Jeaurat.** Philis a pour les fleurs une amitié parfaite, etc. Ovale équarri en travers. In-8. d'après *Tournier.* Très belle ép. grande marge. Collection Leblanc.

790 — 1716. Le Printemps, in-4. en travers d'ap. Vleughels, toute marge.

791 — 1734. Le Dessin. in-4. en travers d'après *S. Le Clerc*, superbe ép. marge.

792 **Jeaurat** (d'après). Le Mistère de la Trinité, la Foy. Petit in-fol. par *Duchange*, belle épreuve, marge.

793 — Espiéglerie, in-4, par Elisabeth Marlié Lépicié.

794 — La Coquette, in-fol. par *Michel Aubert*, superbe ép. toute marge.

795 — L'Eplucheuse de salade, dirigée à droite par *Beauvarlet*. — La même dirigée à gauche par *Leznade*. 2 p. in-fol.

796 — Le Remède, par *Aliamet*. Très belle ép. in-fol. marge.

797 — L'Opérateur Barri, in-fol par *Balechou*, 1743 Superbe ép. toute marge.

798 — L'amour coquet — l'Amour petit maître. 2 charmants sujets d'enfants gravés par son frère en 1732. In-fol. Superbes ép. grande marge.

799 — Le joli dormir. In-fol., par *Elisabeth Claire Tournay femme Tardieu*. Charmante pièce très belle ép., rare. (C'est, dit-on, Mme de Lalive d'Epinay). Marge.

800 — Vénus et Adonis, grand in-fol., par *Gaillard*. Superbe ép., très grande marge. Collect. Behague,

801 — La Sultane favorite, grand in-fol., par *Louis Halbou*, 1768. Belle ép.

802 — Naissance de Vénus, in-fol., par *Aubert*. Très belle ép.

803 — La Muse Uranie, par *Daullé*, in-fol. Très belle ép., toute marge.

804 — L'amour du vin. — L'amour de la chasse. 2 jolies compositions d'Amours, in-folio, par *Surugue*. Superbes ép., marge.

805 — Démenagement d'un peintre, in-folio, par *Cl. Duflos*. Très belle ép. Collect. Behague.

806 — Le Transport des filles de joie à l'hôpital, par *Levasseur*, marge. — La place Maubert, par *Aliamet*. 2 p, in-fol.

807 — Les Citrons de Javotte, par *Levasseur*. Très belle ép., toute marge, grand in-folio (C'est dit-on Vadé et ses amis).

808 **John** (F.). Saint Jean-Baptiste, grand in-4, d'après *Raphaël*. Superbe ép.

809 **Jouxis**, 1783. Vénus et l'Amour, d'après *Giordano*, in-fol. Belle ép.

810 **Joullain** (F.). Tel qui rit, voyant ces enfants, etc., d'ap. *Car. Coypel*, 1725 (On dit les enfants de Coypel). Charmante pièce, magnifique épreuve, toute marge, très rare. Collect. Mulbacher.

811 **Julien** (D'ap. S.). Bonjour ma mère; l'Amour embrassant Vénus, sujet gracieux, in-fol., par *L. Julien*. Très belle ép.

812 **Klauber** (J. S.). Petit écolier de Harlem, in-4, d'ap. *C. Poelembourg*. Superbe ép., toute marge.

813 **Kraus** (D'ap.). Le Raccommodeur de fayence, in-fol., par *L. Al. de Buigne*. Belle ép.

814 **Lafitte** (D'ap.). Pluviose, Janvier. — Ventose, Février. — Germinal, Mars. — Floreal, Avril, Prairial, Mai. — Messidor, Juin. — Thermidor, Juillet. — Fructidor, Août. — Vendemiaire, Septembre. — Brumaire, Octobre. — Frimaire, Novembre. — Nivose, Décembre. 12 figures de femmes à mi-corps, par *Tresca*, petit in-folio, marge.

815 **Lagrenée** (D'ap.). Bacchus et Ariane, in-fol., par *Voyez l'aîné*. Superbe ép., grande marge.

816 **Lagrené** (D'ap.). Térésias aveuglé des appas de Minerve, grand in-fol., par *Dennel*. Belle ép., marge.

817 — Les Grâces lutinées par les Amours. — Les Amours attachés par les Grâces. 2 p. Très grand in-fol. avant toute lettre, très belles ép., grande marge.

818 **La Hyre** (D'ap.). Le Charme de la musique, in-fol., par *Chevillet*. Superbe ép., marge. Collection Roth.

819 **La Live de Jully**. Paysages dédiés à M. De L. J. B. — dédiés à Mme de L. D. J. 4 eaux-fortes in-4. Superbes ép. avant le numéro, marge.

820 — Suite de Paysages dédiés à M. Françeuil. 4 p. in-4, eaux-fortes. Superbes ép. avant le numéro.

821 — L'Air. — L'Eau. — Le Feu. 3 p. sujets d'enfants in-4, d'ap. *Natoire*. Superbes ép., petite marge.

822 — Minerve protégeant les arts. — Bacchus automate. — Vase au hibou avant le numéro. 3 p. Superbes ép.

823 — Château de la Briche. — Château de la Chevrette, 2 p. in-fol., d'ap. *Franceuil*, non décrites au catalogue Devèze. Superbes ép., très rares.

824 **Lancret** (D'ap.). La belle Grecque. — Le Turc amoureux. 2 p., par *Schmidt*, petit in-fol. Très belles ép., marge. Collect. Camberlyn (E. B. 15 et 84 en 1er état).

825 — Le Théâtre italien, par *Schmidt*, petit in-fol. Belle ép. Collect. Leblanc. 1er état (E. B. 79).

826 — Veux-tu d'une inhumaine emporter la tendresse, in-fol., par *Silvestre* (E. B. 85). Collect. Roth. Très belle ép., grande marge.

827 — D'un Baiser que Tirsis caché dans ces beaux lieux, in-fol., par *Silvestre*. Superbe épreuve, grande marge. Collect. Behague (E. B. 26).

828 — L'Amant indiscret, in-fol., par *Dupin*, toute marge. Collect. Behague (E. B. 7).

829 — Le Berger indécis, par *J. Tardieu*, in-fol. Très belle ép., grande marge, rare (E. B. 16).

830 — Conversation galante, par *Le Bas*, in-folio. Belle ép. (E. B. 20).

831 — L'Été, par *Scotin*. — L'Automne, par *Tardieu*. — L'Hiver, par *Le Bas*. 3 p. in-fol.

832 — Les Eléments. 4 sujets en hauteur, par *Audran*, *Cochin*, *Desplaces*, *Tardieu*. Belles ép., in-fol.

833 — Partie de plaisir (C'est la société des bonnets de coton), in-fol., par *Moitte*. Très belle ép., marge (E. B. 57).

834 — La même composition en contre-partie, petit in-fol. avec le titre. *Le troque de la coiffure et le par-dessus*, chez Bigant. Très belle ép., toute marge, très rare.

835 — Les gentilles Baigneuses, grand in-fol., par *Moitte*. Très belle ép., toute marge. Collect. Behague, rare (E. B. 36).

836 — La Joie du théâtre, petit in-fol. Très belle ép., par *Crépy*, marge (E. B. 46). 1er état, rare. Collection Behague.

837 — L'Occasion fortunée, par *Scotin*, jolie p. rare. Très belle ép. petit in-fol. (E. B. 54).

838 — Société de personnages de condition sortant d'un bateau dans un parc, eau-forte, petit in-fol. Rare.

839 — Les Charmes de la conversation, par *Petit*. Très belle ép., marge (E. B. 18).

840 — La Coquette du village, in-fol., par *De Larmessin*. Superbe ép., marge vierge. Collection Roth (E. B. 21).

841 — Le Jeu de cache-cache mitoulas, par de *Larmessin*, in-fol. Très belle ép. gravée, par Schmidt, avant-dernier état (E. B. 41).

842 — Le Jeu des quatre coins, par de *Larmessin*. Superbe ép. in-fol., toute marge, gravée par *Schmidt*, avant-dernier état (E. B. 44).

843 — Le Matin. — Le Midi. — L'Après-Dînée. — La Soirée. 4 p., par *Larmessin*. Belles ép., in-fol.

844 — L'Hiver, in-fol., par *De Larmessin*. Superbe ép. marge. Collect. Camberlyn (E. B. 39).

845 — Les Agréments de la campagne, par *Joullain*, in-fol. Superbe ép., marge (E. B. 3).

846 — L'Amusement du petit maître, in-fol., par *F*... (Favannes). Très belle ép., marge (E. B. 9). Collect. Roth.

847 — Le Jeu de pied de bœuf, par *De Larmessin*. Très belle ép. grand in-fol., toute marge (E. B. 43).

848 — L'Enfance. — La Jeunesse. — L'Adolescence. — La Vieillesse. 4 p. in-fol., par *De Larmessin* (E. B. 28, 45, 1, 86).

849 — Le Maître galant, par *Lebas*, in-fol. Très belle ép., marge (E. B. 48).

850 — Les Amours du Boccage, par *Larmessin*, grand in-fol. Très belle ép. (E. B. 8).

851 — Le Glorieux. — Le Philosophe marié. 2 p. grand in-fol., par *Dupuis*. Belles ép., marge E. B. 37), avant-dernier état. — 51 en 1er état).

852 — Mlle Camargo dansant, grand in-fol., par *L. Cars*. Très belle ép. avant dernier état (E. B. 17).

853 — Grandval dans un jardin, au fond le groupe de la tragédie et de la comédie. Très grand in-fol., par *Le Bas*. Magnifique ép., toute marge.

854 — Mlle Salle dansant, grand in-fol., par *De Larmessin*. Très belle ép. (E. B. 71).

855 — Repas italien, très grand in-fol., par *J. P. Le Bas*. Une des pièces capitales du maître.

856 — Le Jeu de Colin-Maillard. Très grand in-fol., par *Cochin*. C'est une des pièces capitales du maître. Très belle ép., marge.

857 **Langlois**. La Ménagère Nort-Hollandaise, in-fol., d'ap. *Wantol*. Superbe ép., marge.

858 **Larmessin**. Apollon et Issé, petit in-fol., en travers. Très belle ép. Collect. Leblanc.

859 **Lavreince** (D'ap.). *The green plot*, rond équarri in-4, avant la tablette (E. B. 10 page 53). — *The grove*, c'est le pendant. 2 p. Magnifiques ép. avant toute lettre, toute marge, très rare.

860 — Le Midi, petit in-fol., toute marge. Très belle ép. (E. B. 40). Collect. Leblond.

861 — Le Déjeuner anglais, in-fol., par *Vidal*. Belle ép., tachée d'eau. A Paris, chez Vidal (E. B. 17).

862 — La même planche retouchée, le médaillon, et les ornements de l'appartement n'existent plus, l'adresse de Vidal est effacée (décrite comme étant une reproduction). Belle ép., grande marge.

863 — La Leçon interrompue, par *Vidal*, petit in-fol. Très belle ép., remargée (E. B. 35).

864 — Les Soins mérités, in-fol., par *de Launay*. Très belle ép. 1er état, lettre grise et tablette blanche (E. B. 66).

865 — Le Contretemps, par *Dequevauvillers*. Belle ép., marge (E. B. 15), avant-dernier état.

866 — Les Sabots, eau-forte pure, par *Masquelier*, in-fol. Très rare ép., non décrite.

867 — La même terminée, par *J. Couché*. Très belle ép. (E. B. 57).

868 — La Consolation de l'absence, in-folio, par *N. De Launay*. Joli costume, charmant intérieur. Très belle ép. (E. B. 14).

869 — L'Innocence en danger, in-fol., par *Caquet*. Très belle ép., charmante composition, petite marge (E. B. 31).

870 — Le Retour trop précipité, par *Pierron*, in-fol. Très belle ép., marge vierge (E. B. 54).

871 — Le Roman dangereux, par *Helman*, in-fol., riche intérieur de boudoir. Très belle ép., toute marge (E. B. 56).

872 — La Balançoire mystérieuse, in-folio, par *Vidal*. Jolie pièce gracieuse, quatre dames se baignent, l'une se balance dans l'eau. Superbe ép. avant toute lettre. 2e des sept états (E. B. 9).

873 — Les Nymphes scrupuleuses, par *Vidal*, in-fol. avant la guirlande de roses et avant toute lettre (E. B. 42). Très belle ép.

874 — La même avec la lettre, belle ép.

875 — Le Restaurant, par *Deni*, in-fol. Très belle ép., toute marge (E. B. 53).

876 — Les Offres séduisantes, in-fol. Belle épr., par *J. L. Delignon* (E. B. 43.).

877 — Le Repentir tardif, petit in-fol., par *Le Villain*. Très belle ép., toute marge (E. B. 52.).

878 — La Soubrette confidente, par *Vidal*. Très belle ép. in-fol., jolis costumes (E. B. 61.).

879 — La Marchande à la toilette, in-folio, par *Vidal*. Très belle ép., marge vierge (E. B. 37).

880 — Le Directeur des toilettes, in-folio, par *Voyez l'aîné*. Superbe ép., grande marge (E.B. 21).

881 — Le Billet doux, in-fol., par *N. De Launay*. Costumes et appartement de la plus grande élégance, très belle ép., marge, avant-dernier état (E. B. 10).

882 — Le Séducteur, in-fol., pièce très rare, eau-forte pure, n'a jamais été terminée. Collection Leblanc (E. B. 7, page 52).

883 — Ah ! qu'elle est heureuse, manière noire, grand in-fol., par *de Brea*. Superbe ép., toute marge, 2me des quatre états (E. B. 19). Collection Leblond.

884 — Le Lever et le Coucher des ouvrières en modes, par *Dequevauvillers*. 2 très jolies pièces gracieuses, belles ép. in-fol. en travers, avant-dernier état (E. B. 36. 16).

885 — Ecole de Danse, in-fol., par *Dequevauvillers*, jolie pièce à costumes, avant l'adresse de Bance (E. B. 22).

886 — Le Mercure de France, c'est Beaumarchais qui lit Figaro, gravé par *Guttemberg*. Superbe ép. in-fol., toute marge (E. B. 38), avant-dernier état. Collect. Laberaudière.

887 — Le même sujet réduit grand in-4 en contre-partie, manière noire par *Md de Villeneuve*. Belle ép., très rare, remargé.

888 — La partie de Musique, in-fol., très belle ép. par *V. Langlois le jeune*. (E. B. 46).

889 — Le Concert agréable, in-fol. Très belle ép. par *C. N. Varin*. 1er état avant la lettre, toute marge (E. B. 13.)

890 — L'Assemblée au salon. — L'Assemblée au concert. 2 p. grand in-fol., par *Dequevauvillers*, 1783. Superbes ép. Riches intérieurs, charmants costumes de la haute société. C'est dit-on les salons du duc de Luynes et du prince de Conti (E. B. 6. 5).

891 **Lebarbier** (D'ap.). Les Amants surpris, rare ép. d'eau-forte pure, par *Patas*, marge entière. Superbe.

892 — Départ du Milicien. — Retour du Milicien. par *Cl. Duflos*. 2 p. in-fol.

893 **Le Bas** (J. Ph.). L'Amour aimé, petit in-fol. Superbe ép., marge.

894 — Colin-Maillard, petit in-fol. Très belle ép.

895 — La Marchande de beignets. Belle épreuve, petit in-fol.

896 — 4e Fête flamande. Très grand in-fol., d'ap. *Teniers*.

897 — Feste de village. — Réjouissances flamandes. 2 p. grand in-fol., d'ap. *Teniers*.

898 **Le Beau.** Conventions de mariage d'un vieux intéressé avec une fausse modeste à qui il demande une grosse dotte. — Le Mari trompé. Le lendemain du mariage, la fausse modeste fait apporter sa dotte. 2 p. petit in-fol. Très belles ép., marge.

899 — L'Amant victorieux, suite du Verrou, ovale petit in-fol., d'ap. *Touzet.* Superbe ép., marge. Collect. Behague.

900 — Le Danger des bosquets. — Les Désirs naissants. 2 jolies femmes à mi-corps en jolis costumes, riches entourages ornés de fleurs, d'ap. *Tanche.*

901 **Le Bel** (d'après). Le Coup de vent, in-fol., par *Ab. Girardet*, 1785. Superbe ép. avant la lettre.

902 — Le même avec la lettre, la bordure effacée. — La voilà prise, par *Niquet.* 2 p. in-fol. Grande marge.

903 — L'Amour indiscret ou la Fidélité en défaut, in-fol. avant la lettre et avant le chiffre dans le médaillon. Très belle ép., très rare.

904 — La même, avec le titre: la Fidélité en défaut. Belle ép.

905 **Le Brun** (d'après Mme). Infant piety. C'est le portrait de sa fille. In-4, par *Ch. Plater*, très rare.

906 — Vénus liant les ailes de l'Amour, par *Schultze*, très belle ép. marge. — Le même sujet contre-partie: Cupid and his mother, par *Sarp.* 2 p. in-fol.

907 — La Vertu irrésolue, par *Dennel*, in-fol. avant toute lettre, le médaillon blanc, superbe ép. Collection Roth.

908 — La Paix qui ramène l'Abondance, grand in-fol. par *Pierre Viel*, 1787, dédié à M. le Comte de Vergennes. Superbe ép., marge.

909 **Le Brun** (d'après). La Toilette de la mariée ou le Jour désiré. In-fol. par *Dambrun*.

910 — L'Épouse mal gardée ou le Mariage à la mode. In-fol., par *Dambrun*.

911 — La Liberté perdue ou l'Amour couronné. In-fol., par *Dambrun*. Très belle ép. marge vierge.

912 — Le Charme de la liberté ou l'Amour vainqus. In-fol. Superbe ép. toute marge.

913 **Le Clerc** (d'après). La Vielleuse. Petit in-fol., par *Gaillard*. Très belle ép., petite marge.

914 — L'Abbé en conqueste: il file aux pieds d'une dame qui lit. In-fol. 1er état avec l'adresse de la Ve F. Chereau. Superbe ép. grande marge.

915 — L'Abbé en conqueste. — L'Hermite en queste. 2 p. in-fol. Superbes ép. toute marge. A Paris chés Bonnard. Collection Leblond.

916 — Le Jeu de l'Escarpolette. Petit in-fol. en travers, par *Deny*.

917 — Ah! du moins épargnez mes ailes. In-fol., par *Deny*. Collection Leblanc.

918 **Le Febvre** (Eléonore). Quel est le plus heureux. — Le pauvre Jeune Homme. 2 p. d'ap. *E. Victoire*. 11 Messidor an 10. Très belles ép. grandes marges, rares.

919 **Legrand** (Louis). Ballet des Muses, allégorie, pièce ronde à costumes, Imp. en bleu, in-4, rare.

920 **Le Mire.** Mort de Cléopatre. In-4, d'après *Le Guide*. Superbe ép. marge. In-fol.

921 — Plafond de la salle de spectacle de Bordeaux. d'après *Robin*. Rond, grand in-fol., verni. rare.

922 **Le Moine** (d'après). Diane substituant une biche à la place d'Iphigénie que l'on allait sacrifier. Grand in-fol. par *Cars*. Très belle ép., marge vierge.

923 **Lemonnier** (d'après Charles), de Rouen. Le Commerce. Très grand in-fol. par *Levasseur*. D'après le tableau qui est à la chambre de commerce de Rouen. Très belle ép.

924 **Lempereur**, La Sortie du bain. Grand in-fol., d'après *Trinquesse*. Très belle ép.

925 — L'Attente du plaisir, d'après *An. Carrache*. Belle ép. avant la dédicace.

926 — L'Enlèvement de Proserpine, d'après *Ch. De la Fosse*. Très grand in-fol. Superbe ép. marge vierge.

927 — Festin espagnol. d'après *Palamedes*. Très grand in-fol. avant la lettre. Superbe ép. marge.

928 **Lenain** (d'ap.) La Surprise du vin. In-fol., par *Daullé*. Très belle.

929 **Lepeintre** (d'après). La Cage simbolique, par *Fessard*. Très belle ép. in-fol.

930 **Lépicié** (d'après). Jeune dame lisant, par *Schutze*. In-fol. avant toute lettre, marge. Superbe ép.

931 — La Promesse approuvée, par *Hemery*. Grand in-fol.

932 — Quos Ego. Grand in-fol., par *Le Vasseur*. Superbe ép. marge.

933 **Le Prince** (d'après). La Lettre envoyée. — La Lettre rendue. 2 p. in-fol., par *N. De Launay*, 1768, magnifiques ép. avant les dédicaces. Petite marge.

934 — L'Amour à l'Espagnole. In-fol. Charmante pièce supérieurement gravée, par *St-Aubin* et *Pruneau*. Très belle ép. toute marge.

935 — L'Amour des fleurs, par *Chevillet*. In-fol. Très belle ép. marge.

936 — L'Amour de la gloire, gravé par *Née*. Grand in-fol. Très belle ép. avant toute lettre.

937 — Le Concert russien, par *Gaillard*. Superbe ép.

938 — La Crainte. Jolie dame sur son lit, effrayée voyant son chien qui s'échappe. Grand in-fol., par *Lemire*. Belle ép.

939 — Les Modèles. Très grand in-fol. par *De Longueil*. Très belle ép. avant la lettre.

940 — La Précaution inutile. Très grand in-fol., par *Helman*, 1779. Très belle ép., marge.

941 — La Leçon inutile. Très grand in-fol., par *Helman*, 1781. Superbe ép. avant la dédicace, marge.

942 **Le Vasseur**. La Petite marchande de carpes. In-fol., d'après *Peters*. Superbe ép. Collection Mulbacher.

943 — L'Éducation de l'Amour. In-fol., d'après *Romanelle*. Belle ép.

944 — Le Faune enchaîné. In-fol. en travers, d'après *Philippe Lor*. Belle ép.

945 — Le Satyre amoureux. In-fol., d'après *Mettay*. Très belle ép. marge.

946 — Antiope réveillée par l'Amour. In-fol., d'après *Mettay*. Très belle ép. avant la dédicace.

947 — Apollon et Daphné, d'après *Luc Jordano*. In-fol. Très belle ép. avant la dédicace.

948 — Le Médecin Erasistrate, d'après *Collin de Vermont*, avec la lettre. — Le Pendant, avant la lettre. 2 p. Très grand in-fol.

949 — La Continence de Scipion, d'après *Le Moine*. Grand in-fol.

950 — Tarquin et Lucrèce, d'après *A. de Peters*. Très grand in-fol. Très belle ép., avant la dédicace, marge.

951 **Levilly**. *A maid*. Une Pucelle, petit in-fol. Collection Mulbacher.

952 — Zelica indignée de la hardiesse du faquir, in-fol. en travers, d'après *Tresca*.

953 **Loutherbourg** (d'après). Le Repas du Berger, in-fol., par *Laurent*, tout marge.

954 **Macret** (C.). Les Prémices de l'amour propre, in-fol., avant la lettre, le médaillon blanc. Superbe ép.

955 **Malapeau**. Quatrième Vue de Versailles, Revue des troupes dans la cour, devant le Château, d'après le chevalier de *Lespinasse*. Très belle ép., toute marge.

956 **Mallet** (d'après). Le Lever, le Coucher, la Réussite, les Cartes, la Toilette, la Somnambule, la Frileuse, le Bain, le Jour des Noces, le Lendemain des Noces. 10 p. Sujets de femmes nues par *Chaponnier*, *Cardon* et autres, petit in-fol., toute marge.

957 — Par ici! — Chit chit! 2 charmantes pièces in-4, par *Copia*. Jolies femmes à leurs fenêtres, coiffures élégantes, très belles ép., toute marge.

958 — Intérieur de Famille : un Enfant embrasse la main de sa Mère, le Père se chauffe, in-fol., avant la lettre, très rare, gravé par *Armano*. Collection Mulbacher.

959 — Déguisement du chevalier de Faublas, in-fol., belle ép.

960 — Les Jeux de l'amour. — Les Promesses de l'amour. 2 p. in-fol., par *Beljambe*, belles ép.

961 — Julie ou le premier baiser de l'amour, in-fol., par *Copia*. Très belle ép., marge.

962 — La Nouvelle intéressante, in-fol., par *J. A. Roy*. Très rare ép. d'eau-forte pure.

963 **Manière noire**. Hercule et Dejanire, petit in-fol., très belle ép.

964 **Mr** (d'après Marillier?). Offrande à Vénus ou la victime agréable. — L'agréable Moment ou le Songe délicieux. 2 p. ovales richement entourés de fleurs, superbes ép., petit in-fol., par *De Gd.*, petite marge. Collection Mulbacher.

965 **Marillier** (d'après) Pigmalion et Galathée, in-fol., par *Avril*, très belle ép.

966 **Mark.** Vieillard offrant de l'argent à une jolie femme, in-fol., d'après *Braun*. Magnifique ép., avant la lettre, toute marge.

967 — Vénus et l'amour dormant, in-fol. en travers, d'après *Fracisquin*. Wien, 1783, belle ép.

968 — Cléopâtre qui montre à Auguste le buste de Jules César, in-fol., d'après *Pompeo Battoni*. Superbe ép., avant la lettre, marge.

969 — La même. Très belle ép., avec la lettre.

970 **Martinet** (chez). L'Équilibre perdu. — La Balançoire. 2 p. petit in-fol. Très belles ép., marge.

971 **Martinet.** Bal du Mai à Versailles au carnaval 1763, in-fol. Très belle ép., toute marge. Collection Soleil.

972 **Martini** (1776). D'après *Pajou*. Irruption des Romains dans le temple de Junon pendant le sacrifice. Très grand in-fol., belle ép. Collection de Corneilhan.

973 — Coup d'œil exact de l'arrangement des peintures au salon du Louvre en 1785, gravé de mémoire et terminé durant le temps de l'Exposition, in-fol. Superbe ép., marge vierge. Collection Laberaudière.

974 — *Lauda-conatum*. Exposition au salon du Louvre en 1787. Superbe ép. in-fol., grand nombre de figures en costume de l'époque.

975 — The Exhibition of the royal Academy 1787, in-fol., d'après *Ramberg*. Pièce curieuse pour la réunion des personnages de la famille royale d'Angleterre, etc. Superbe ép. in-fol., marge

976 — *Exhibition of the Royal Academy* 1788, in-fol., magnifique ép., avant toute lettre très rare, non entièrement terminée, et la feuille explicative des membres de la famille royale d'Angleterre et autres. 2 p. Collection Behague.

977 — Portraits of their Majesty's, and the Royal Family. Viewing the Exhibition of the Royal Academy 1788, in-fol., d'après *Ramberg*. Très belle ép., le petit coin en haut à droite est ajouté, marge.

978 **Mayer** (d'après) La Danse des ours par *Née*. — La Troupe ambulante par *Guttemberg*. 2 p. in-fol., belles ép.

979 **Mercier**. Jeune homme et jeune femme causant assis sur un banc de jardin, le mari est derrière, in-fol. Superbe ép., très rare, remargé.

980 **Miller**. Evening, grand in-fol., scène comique belle ép., marge, tachée d'eau.

981 **Moitte** (d'après). L'Ecueil de l'Innocence, in-fol., par *Deny*.

982 — Le Consommé par *Deny*, belle ép. in-fol.

983 — Le Jaloux endormi, in-fol., par *Vidal*. Très belle ép., marge.

984 — L'Infidélité reconnue, in-fol., par *Dambrun*. Très belle ép., marge.

985 — La Surprise agréable, par *Vidal*. Superbe ép., avant toute lettre et avant la draperie, rare.

986 **Mondhare** (chez). Les amours pastorale, petit in-fol., toute marge.

987 **Monnet** (d'après). Satyre portant l'amour, ovale in-4, par *Bar*. Superbe ép., rare.

988 — Jupiter couvre la terre de nuage pour jouir d'Io. Très grand in-8, par *Neger*, superbe ép. remargée.

989 — Les baigneuses surprises, in-fol. par *Vidal*, superbe ép. avant la lettre et avant la mèche de cheveux.

990 — Salmacis et Hermaphrodite, in-fol. par *Vidal*. Superbe avant la lettre. Collection Leblanc.

991 — Salmacis et Hermaphrodite. — Les Baigneuses surprises. 2 p. in-fol., par *Vidal*, belles ép.

992 — Jupiter et Anthiope, in-fol., par *Vidal*. Superbe ép. avant toute lettre et avant la draperie, très rare.

993 — La même avec la lettre, très belle ép., toute marge.

994 — Jupiter et Io, in-fol. par *Vidal*, belle ép., eau forte pure, marge très rare.

995 — La même, belle ép. terminée.

996 — Renaud et Armide par *Vidal*, in-fol., superbe ép., avant toute lettre et avant le changement.

997 — Renaud et Armide. — Vénus et Adonis. 2 p., in-fol., par *Vidal.*

998. — Le Roi d'Étiopie abusant de son pouvoir, par *Vidal,* in-fol. Superbe ép., avant toute lettre et avant le changement, marge vierge.

999 **Moreau** (d'après J.), l'aîné. Le Villageois entreprenant. — On y court plus d'un danger. 2 p. petit in-4. Très belles ép., marge.

1000 **Moreau** le jeune. Catafalque de Marie-Thérèse d'Autriche, reine de Hongrie, plan, élévation géométrale et latérale. 3 p. petit in-fol., toute marge. (H. D. 34.)

1001 — Expérience aérostatique faite à Versailles, 19 septembre 1783, par MM. de Montgolfier, petit in-fol. Superbe ép., marge. Collection Laberaudière.

1002 — Seconds voyageurs aériens ou Expérience de MM. Charles et Robert aux Tuileries, 1er décembre 1783. Au bas, médaillon contenant la carte du voyage, grand in-4. Superbe ép., marge. Collection Laberaudière.

1003 **Moreau** (d'après). Le Gâteau des rois, petit in-fol., par *Le Mire.* Très belle ép. (H. D. 31).

1004 — Memnon ou l'écueil du sage, in-fol, par *Vidal.* Très belle ép., marge.

1005 — Monument du costume physique et moral de la fin du XVIIIe siècle ou tableau de la vie, à Strasbourg, Treuttel, 1789. Texte in-fol. et 26 p. Très belles ép., vol. carton.

1006 — Les Adieux, par *Delaunay*. Charmante composition avec riche costume. Belle ép., avec A. P. D. R.

1007 — Le lever. Superbe ép., eau-forte pure très rare, de la suite du costume physique et moral.

1008 — Le Souper fin. Superbe ép. d'eau-forte pure, très rare, marge du cuivre, de la suite du costume physique et moral.

1009 — Bal masqué donné à l'Hôtel-de-Ville à l'occasion de la naissance du Dauphin, 1782, la Famille royale se remarque parmi les masques. Belle ép., grande marge.

1010 — Le Festin Royal. Très belle ép. avant la lettre.

1011 — Exemple d'humanité donné par Mme la dauphine Marie-Antoinette, en 1773. Ravissante pièce historique gravée avec une grande finesse, par *E. Godefroy*. Superbe ép., marge. (H. D. 25.)

1012 — Tableau pour la semaine théâtrale à Versailles. La Comédie et la Tragédie de chaque côté, le médaillon de Louis XV, au-dessus, in-fol., par *Ponce*. Superbe ép. avant la lettre. (H. D. 24.)

1013 — Autre différent avec une douzaine d'amours autour, in-fol., toute marge.

1014 — Les dernières paroles de J.-J. Rousseau, in-fol., par *Guttemberg*. Superbe ép. avant la lettre. (H. D. 44.)

1015 — La même. Belle ép. avec la lettre.

1016 — Couronnement de Voltaire sur le Théâtre-Français, in-fol., par *Gaucher*, avec les armoiries de Mme de Villette. Belle et bonne, superbe ép., marge. (H. D. 37.)

1017 — Hommages rendus à Voltaire sur le Théâtre-Français, in-fol, par *Gaucher*, adresse chez Naudet, toute marge.

1018 — Les Vœux accomplis : le buste de Mme la Comtesse d'Artois entouré de figures allégoriques. Composition faite à l'occasion de sa convalescence. Superbe ép. avant toute lettre, toute marge. (H. D. 36.)

1019 — La même avec la lettre, in-fol., par *Simonet*. Superbe ép.

1020 — Tullie fait passer son char sur le corps de son père, in-fol., par *Simonet*. Superbe ép., marge vierge. (H. D. 52.)

1021 **Moreau** (1763). Bethsabé au bain ou la Coupeuse d'ongles, d'après *Rembrandt*. Très belle ép. in-fol., sans marge, remargée à claire-voie. (H. D. 5.)

1022 — Vue de la place neuve de Louis XV le bien-aimé, in-fol., par *Taraval*, toute marge. Chalcographie.

1023 — Caravane du grand seigneur, grand in-fol., par *Simonet*. Superbe ép. avant la lettre.

1024 **Morland** (d'après). Morning or the Higlers preparing for Market, grand in-fol., par d'*Orme*. Très belle ép.

1025 — Juvenile Navigators, grand in-fol., par *Ward*. Très belle ép.

1026 **Mouchet** (d'après). Le Réveil importun, sujet gracieux, ovale, petit in-fol., par *Darcis*. Très belle ép., toute marge.

1027 — Couchez-la. Sujet gracieux, ovale en hauteur, par *Darcis*. Superbe ép., toute marge, in-fol. Collection Roth.

1028 — La Méprise. Jolie pièce gracieuse, in-fol., par *Macret* et *Anselin*. Belle ép., rare, tachée d'huile.

1029 — L'Illusion, gravée par *R.* et *D.* In-fol. Superbe et rare ép. avec l'encadrement, toute marge. Collection Mulbacher.

1030 **Muller.** La nymphe Érigone, d'après *Jollain*, grand in-4 en travers. Superbe ép., toute marge.

1031 — Loth et ses Filles, in-fol., d'après *Honthorst*. Superbe ép. avant toute lettre.

1032 **Natoire** (d'après). Jupiter et Calisto, in-fol., par *Pelletier*. Très belle ép., marge. Collection Leblond.

1033 **Nattier** (d'après J. B.). (Danaé.) Pour enchanter cette belle, Jupiter se change en or, etc., grand in-4, par *Beauvais*. Superbe ép., grande marge. Collection Roth.

1034 — Psyché doit être mise aux chaînes, ou dans un seul jour démêler, etc., in-fol., par *Jean Audran*. Très belle ép.

1035 — Cette liqueur brillante et pure, symbole de sincérité, in-fol. en travers. Belle ép.

1036 — La Comédie, in fol., par *Et. Fessard*. Belle ép., marge.

1037 — Le Triomphe de Galathée, grand in-fol. Très belle ép. avant toute lettre, par *Henriquez.*

1038 **Née.** La Chambre du cœur de Voltaire contenant quarante petits portraits, plusieurs n'existent pas autrement. Superbe ép. in-fol., avant la lettre, le buste de Voltaire en bas au milieu, toute marge.

1039 **Nilson** (d'après). Le Songe pastorale. — Les Dons pastorales. — La Cruauté pastorale. — Le Contentement pastorale. 4. p. petit in-fol., par *Rugendas*, belles ép.

1040 **Octavien** (d'après). Intérieur : dame à sa toilette. *Ce dangereux abbé promène en tapinois*, etc. Huit vers gravé par *M. Thevenard.* Superbe ép. in-fol., marge, très rare. Collection Behague.

1041 — (Le Boudoir). Jeune Dame endormie sur un canapé, un jeune Homme se penche pour lui prendre une lettre qu'elle tient à la main, un Singe est sur le devant. Riche intérieur, in-fol., par *M. Thevenard.* Superbe ép., très rare. Collection Behague.

1042 **Ornements.** Pendules de *Forty*, 5. — Panneaux de *Queverdo* et de *Ranson*. En tout, 8 p.

1043 — Encensoir, d'après *Martin Schong*, vases divers. 4 p.

1044 — Détails et Principes, par *Sallembier* et Enroulements par *Juillet.* 28 p.

1045 — La Terre. — L'eau. — Vénus ou la coquetterie. — Mars ou la guerre. 4 p. superbes.

1046 **Oudry**. La Rancune en brancard abattu dans le bourbier. — Ragotin s'attire un coup de busc. — Ragotin enivré par La Rancune. 3 p. in-fol. Très belles ép., marges vierges. Collection Mülbacher.

1047 — Le Chevreuil forcé (R. D. 2.). — Le Renard vaincu (3). — Le Loup aux abois (4). 3 p. in-fol. Sujets de chasse, très belles ép.

1048 — Le Chien braque en arrêt (R. D. 5), eau-forte avant la lettre, petit in-fol. en travers, très rare. Collection Soleil.

1049 **Oudry** (d'après). La Chienne braque avec toute sa famille, grand in-fol., par *Daullé*, 1758. Très belle ép.

1050 — Le Sérail du Doguin, grand in-fol., par *Daullé*, 1758. Très belle ép.

1051 — Chasse au cerf, par *Silvestre*, grand in-fol., avant la lettre, marge.

1052 **Ozanne** (d'après). Nouvelles vues des ports de France, par *Le Gouaz*, 82 p., petit in-fol. Très belles ép.

1053 **Papavoine** (Mlle). Nécessité n'a point de loi, in-fol., d'après *Delorme*. Belle ép. tachée d'huile. Collection Béhague.

1054 **Parell** (d'après M. A.). The origin of the Order of the Garter, origine de l'ordre de la Jarretière, honni soit qui mal y pense. Manière noire in-fol. Superbe ép., petite marge.

1055 **Parizeau**. 1783. Jésus guérissant — Scène villageoise. 2 p. petit in-4 en travers, eaux-fortes au trait.

1056 **Parrocel** (C.). Figures pour le Manuel d'équitation, de F. Robichon de la Guerinière. 40 p. par et d'après.

1057 — Cavaliers en diverses attitudes, eaux-fortes, etc. 17 p. in-4.

1058 **Parrocel** (d'après). Halte de gardes suisses, avec costumes de dames. Belle ép. par *Le Bas*, grand in-fol., petite marge.

1059 — Halte de gardes suisses, grand in-fol., par *Le Bas*. Superbe ép. Costumes de dames.

1060 **Paroy** (comte de). Dessus de guéridon avec toutes les fables de La Fontaine et son buste au milieu. In-fol. Très belle ép., très rare.

1061 **Pater** (d'ap.). Vivandières de Brest, par *Le Bas*. Superbe ép. petit in-fol.

1062 — L'officier galant, petit in-fol.. par *Le Bas*. Superbe ép. grande marge.

1063 — La belle bouquetière, par *Fillœul*. Très belle ép. in-fol., toute marge.

1064 — Marche comique, in-fol., par *Ravenet*. Très belle ép., chez Ravenet.

1065 — La même. Très belle ép., petite marge, chez Roguié.

1066 — Les plaisirs de la jeunesse. Colin-Maillard, grand in-fol., marge. Très belle ép. — La danse. 2 p., par *Fillœul*.

1067 — Le dénicheur de moineaux, petit in-fol. en travers, par *Claude Du Bosc*, marge.

1068 — La feste italienne, par *Cl. Duflos*, belle ép. petit in-fol. en travers, rare.

1069 — Le désir de plaire : jolie dame à sa toilette, par *Surugue*, 1743. In-fol. Très belle ép.

1070 — Le plaisir de l'été, par *Surugue*, 1744. Superbe ép. in-fol. toute marge. Collection Roth.

1071 — L'essai du bain, in-fol., par *Voyez*, belle ép.

1072 — Pyramide d'ailes et de cuisses de poulets, par *Lépicié*. Superbe ép., marge.

1073 — Scènes du Roman comique de Scarron. in-fol. 16 p., par *Surugue*, *Jeaurat* et autres, 12 p. ont la marge entière.

1074 — Mlle Dangeville la jeune, très grand in-fol., par *Le Bas*. Superbe ép.. grande marge.

1075 **Patu**. Loth et ses filles, fac-simile de dessin à l'encre de Chine. In-4 en travers.

1076 **Phelippeaux**. Le jaloux en défaut — L'épouse infidèle. 2 p. ovales, grand in-4 en hauteur. Superbe ép., marge.

1077 **Picart** (B.). Fac-simile de dessins d'après *Rembrandt* et autres, et frontispice d'une histoire de Hollande. 10 p.

1078 — La Curiosité, deux femmes, en manière noire, d'après *Santerre*, petit in-fol. en travers, belle ép.

1079 **Picheler**. Salmacis et Hermaphrodite, grand in-fol. Magnifique ép. avant toute lettre, marge, rare.

1080 **Picot** (V. M.). Assaut de La Chevalière D'Eon et M. de Saint-Georges, grand in-fol., d'après *Robineau*. Très belle ép., lettre grise, très rare.

1081 **Pierre** (d'après). Le ménage Savoyard, petit in-fol., par *Fessard*. Superbe ép., grande marge, rare. Collection Roth.

1082 — La lanterne magique, in-fol., par *Daullé*, 1757. Magnifique ép., petite marge.

1083 — Le Savoyard — La Savoyarde. 2 p. in-fol., par *De Larmessin*. Très belles ép., toute marge. Collection Roth.

1084 — Hercule et Diomède, in-fol., par *G. Haas*, Superbe ép., marge vierge. Collection Roth.

1085 — Danaé enfermée dans une tour par ordre de son père, est visité par Jupiter transformé en pluie d'or, in-fol. en travers, par *Taraval*. Superbe ép. très rare.

1086 — Léda — Endymion. 2 p. in-fol., par *N. Delaunay*. Superbes ép. toute marge. Collection Roth.

1087 — Ganimèdes, in-fol. en travers, par *Preisler*. Très belle ép. toute marge. Chalcographie.

1088 — Titon et l'Aurore, in-fol., par *Lempereur* Magnifique ép. avant toute lettre, toute marge. Collection Roth.

1089 — Vénus et l'Amour, in-fol., par *Levêque*, 1770. Magnifique ép. avant toute lettre, toute marge. Collection Roth.

1090 — L'enlèvement d'Europe, par *Lempereur*, in-fol., avant toute lettre. Collection Roth.

1091 — La même. Superbe ép. avec la lettre, marge. Collection Roth.

1092 — Les forges de Vulcain, par *Lempereur*. Très grand in-fol. Superbe ép. toute marge.

1093 **Porporati.** Suzanne au bain. Belle ép. in-fol., d'après *Santerre*.

1094 — Vénus qui caresse l'Amour, d'après *P. Battoni*. Très belle ép. sur chine non fixé.

1095 — Le bain de Léda, d'après *Corrège*, in-fol. Superbe ép. avant toute lettre, petite marge, très rare.

1096 — Le Coucher, d'ap. *Vanloo*, in-fol. avant toute lettre. Superbe ép.

1097 — Le même. Très belle ép. avec la lettre.

1098 — Herminie et le berger, in-fol., d'après *Vanloo*, Superbe ép. avant la lettre, toute marge.

1099 — Tancrède et Herminie, d'après *Vanloo*. in-fol. Superbe ép. avant la lettre. Toute marge.

1100 **Prudhon** (d'après). Le premier baiser de l'Amour, in-8, par *Copia*, charmante pièce. Très belle ép.

1101 — Choisir l'objet avec la lettre — L'enflammer et en jouir, avant la lettre. 3 p. in-4. Très belle ép.

1102 — La vertu aux prises avec le vice — La raison parle et le plaisir entraîne. 2 p. grand in-4. par *Roger*, belles ép. Collection Roth.

1103 — L'Amour séduit l'Innocence, le plaisir entraîne, le repentir suit. In-fol., par *Roger*. Très belle ép. toute marge.

1104 — Léda, ovale, in-8 en travers, par *Roger*. Superbe ép. rare. Collection Soleil.

1105 — Minerve alimentant les arts et les sciences, in-8 par Mlle *Bleuze*. Superbe ép., toute marge. Les vendanges, petite eau-forte, par Marks, 2 p.

1106 — Innocence et Amour, grand in-fol., par *Villerey*. Très belle ép, avant la lettre, toute marge.

1107 **Queverdo** (d'après). L'Amoureux, petit in-fol., par *Chatelain*, ovale orné, belle ép., toute marge.

1108 — Intérieur de chambre à coucher, un jeune homme aux genoux d'une jolie femme prête à se mettre au lit — Le pendant, la surprise amoureuse. 2 p. petit in-fol., encadrements ornés de roses. Superbes ép. avant toute lettre, très rares. Collection Behague.

1109 — La surprise amoureuse, petit in-fol., par *Le Beau*, belle ép. petite marge, rare.

1110 — Jeune homme prenant tendrement la main d'une jolie femme, riche intérieur et costumes élégants. Très jolie pièce. Magnifique ép. avant toute lettre, marge, d'une grande rareté. Collection Mulbacher.

1111 — Jeune homme assis attire à lui une jeune femme en déshabillé galant, par *Auvray*. Charmante composition in-4. Magnifique ép. avant la lettre, marge, d'une grande rareté. Collection Behague.

1112 — Le dangereux modèle — La fille surprise, 2 p. in-fol., par *Patas*. Très belles ép.

1113 — Le coucher de la mariée, par *Patas* — Le lever de la mariée, par *Dambrun*. 2 p. in-fol. Très belles ép., toute marge.

1114 — Départ pour le Sabat, par *Maleuvre*. Belle ép.. in-fol., toute marge.

1115 — Nouvelle du bien aimé, in-fol., par *Romanet*. Très belle ép.

1116 **Radigues** (chez). Scènes de Don Quichotte. 13 p. in-fol., rares.

1117 — Scènes du Roman comique de Scarron. 8 p. in-fol., marge, rares.

1118 **Rainaldi**. Hérodiade recevant de la main du bourreau la tête de saint Jean sur un plat, grand in-fol.. d'après *Guerchin*. Superbe ép. toute marge.

1119 **Ramberg**. Le marché d'esclaves — Le Nubien. 2 p. à l'eau-forte, grand in-fol. Collection de Corneilhan.

1120 — Les lunettes — Le rossignol. 2 contes de La Fontaine, grand in-fol. à l'eau-forte. Collection de Corneilhan.

1121 **Raoux** (d'après). L'Amour en cage — La becquée, jeunes filles avec des petits oiseaux. 2 p. très belles, toute marge.

1122 — Offrande à la vertu — Deux jeunes femmes chantant, par *Beauvarlet*. 2 p. in-fol.

1123 — Offrande à Priape, in-fol., par *Beauvarlet*, avant toute lettre, remargée.

1124 — Angélique et Médor, par *Delaunay*, grand in-fol., très belle ép.

1125 — Le Satyre complaisant, in-fol., par *Basan*. Magnifique ép. toute marge.

1126 — Repos de Vénus et des Grâce au bain, grand in-fol., par *Daullé*. Superbe ép. toute marge.

1127 — Le Rendez-vous agréable, in-fol., chez *Beauvarlet*. Superbe ép., grande marge.

1128 — Toilette de Bethsabée au bain, in-fol., par *Chereau*. Belle ép. petite marge.

1129 — Les Vierges sages et folles, in-fol. Superbe ép. avant toute lettre.

1130 — L'Enfance, la Jeunesse, l'âge Viril, la Vieillesse. 4 p., par *Moyreau*. Jolies compositions in-fol. Belles ép., marges vierges.

1131 **Ravenet**. Gunhilda, impératrice d'Allemagne et sœur de Canut, roi d'Angleterre, in-fol., d'après *Cazali*. Belle ép.

1132 **Regnault**. Ah ! s'il s'éveillait ! Peint et gravé par lui-même. Belle ép. in-fol.

1133 **Regnault** (d'après). La Volupté, in-fol., par *Cazenave*. Superbe ép., marge.

1134 — Scène du Déluge, par *Ingouf* et *Croutelle*. Magnifique ép. avant la lettre, marge vierge, grand in-fol.

1135 **Regnault**, *dessiné et gravé par lui*. Le soir, l'amant serre la main de l'ouvrière en dentelles tandis que la mère lit, grand in-fol. Superbe ép. marge vierge,

1136 — La Nuit, grand in-fol., avant toute lettre.

1137 **Renaud** (d'après J. B.). Le Sommeil agréable, in-4, en travers, par *Letellier*. Superbe ép., marge vierge.

1138 **Rigaud**. Le vieux Louvre, Amboise, Anet, Marli, Sceaux. 5 vues, in-fol. toute marge. Chalcographie.

1139 **Riollet** (Mlle). Le mauvais riche, d'après *Téniers*. Très grand in-fol., très grande marge. Très belle ép.

1140 **Romanet**. Le Sommeil, in-fol., d'après *Titien*. Superbe ép. avant la lettre.

1141 **Rosalba** (d'après la). Les saisons, jolies femmes à mi-corps, in-fol. par *de Favannes*. 4 p. in-fol. Superbes ép., toute marge. Collection Behague.

1142 **Rowlandson** (d'après). Waux-Hall. Très grand in-fol. en bistre, par *R. Pollard*. Superbe ép., très rare.

Pièce très-curieuse pour la réunion de personnages anglais écoutant la chanteuse sur le balcon de l'orchestre.

1143 **Saint-Aubin** (Ch. G. de) l'aîné. Essai de papillonneries humaines. 2 p. petit in-fol., très rares. Superbes.

1144 **Saint-Aubin** (attribué à Gabriel de). Composition ou des soldats groupés à gauche se chauffent. Superbe ép. grand in-8 en travers, toute marge.

1145 **Saint-Aubin** (d'ap. G. de). Comparaison du bouton de rose, par *Dennel.* Superbe ép., marge.

1146 — La Guinguette divertissement pantomine du théâtre italien, in-fol. par *Basan.* Très belle ép., rare.

1147 — Ballet dansé à l'opéra dans le carnaval de Parnasse, in-fol. par *Basan.* Très belle ép., marge, rare.

1148 **Saint-Aubin** (d'après Aug. de). Mes gens ou les commissionnaires ultramontains. 7 p. in-4, par *Tilliard.* Cahier, toute marge.

1149 — C'est ici les différents jeux des petits polissons de Paris. 6 p. in-4 anciennes et superbes ép. Collection Mulbacher.

1150 — Vénus anadyomène, avant la coquille in-4 d'après *Titien.* 3e des six états (E. B. 687). Superbe ép., toute marge.

1151 — La même, 4e des six états. Très belle ép.

1152 — La même 5e avant-dernier état avec la coquille et la bordure, mais avec les noms d'artistes à la pointe. Très belle, la même dernier état avec l'adresse chez l'auteur. 2 p.

1153 — Jupiter et Léda, petit in-fol. d'après *Paul Véronèse.* Magnifique ép. avant la lettre, toute marge. 2e des quatre états (E. B. page 259), dans les additions et corrections, pièce importante du maître.

1154 — Les armes de France. — Cérémonie de l'inauguration de la statue équestre de Louis XV. 2 p. in-4 en travers. Très belles ép., toute marge. Chalcographie.

1155 — Deux tableaux du Poussin, dessinés par *Fragonard* et gravés par *Saint-Aubin* et *Macret*. Très belle ép., marge (E. B. 1295).

1156 — (Attribué à). L'amant vient d'entrer par la fenêtre et embrasse son amante, in-4 au trait, extrêmement rare.

1157 **Saint-Aubin** (d'ap.). Promenade des remparts de Paris. Superbe ép. avant la lettre, marge (E. B. 382). Charmante pièce.

1158 — Tableau des portraits à la mode, par *Courtois*, c'est une promenade de Paris à cette époque, des élégantes, des voitures de luxe, etc. Très belle ép., toute marge (E. B. 378).

1159 — Le bal paré à M. de Villemorien fils. — Le concert, c'est le 1er concert de Gluck chez la princesse de Soubise à Mme la comtesse de Saint-Brisson. 2 p. in-fol par *Duclos*, riches décorations intérieures, costumes élégants de l'époque. Belles ép. (E. B. 402, 403).

1160 **Saint-Non**. La petite charière en couche, eau-forte pure.

1161 — La même pièce terminée, charmante petite pièce. Collection Leblanc.

1162 **Saint-Quentin** (d'ap.). Vénus. — Diane endormie. 2 sujets gracieux, in-fol. par *Littret* 1764. Superbes ép., toute marge.

1163 **Schall** (d'après). Le panier renversé, ovale, in-fol. par *Et. Beisson*. Très belle ép., marge.

1164 — La défaite, par *Marchand*, in-fol. Très belle ép., petite marge. Collection Behague.

1165 — La conviction, in-fol. par *Marchand*. Très belle ép., grande marge.

1166 — Le premier baiser de l'amour, in-fol. par *Le Grand*. Très belle ép., lettre grise.

1167 — Le modèle disposé, par *Alex. Chaponnier*. Très belle ép., in-fol., marge.

1168 — La saisons amours, par *Aug. Le Grand*, grand in-fol, Superbe ép., toute marge.

1169 — Le choix naturel. — L'adroite confidente. 2 p. in-fol. en travers, par *Vionet*. Belle ép.

1170 — Le Fidel indiscret, par *Gaillard*, in-fol. Belle ép., rare. Collection Mulbacher.

1171 — Les amants trahis par leurs ombres, grand in-fol. par *Wogls*. Très belle ép., grande marge.

1172 **Schenau**. Achetez mes petites eaux-fortes, 6 jolies p. — Groupes de têtes. 5 p., en tout 11 p. Superbes.

1173 **Schenau** (d'après). L'Amour conduit par la folie. — L'Amour conduit par la fidélité, 2 jolies p. in-4. Très belles ép.

1174 — Joli enfant caressé par son chat qui voudrait avoir l'oiseau, petit in-fol. en bistre, par *Seiffert*. Superbe ép.

1175 — La Quisinière surveillante, in-fol. par *Romanet*, Superbe ép., marge.

1176 — L'heureux serin, in-fol. par *Gaillard*. Très belle ép., petite marge.

1177 — L'espérance au Hazard, scène d'enfants, in-fol. par *N. Dupuis*. Très belle ép.

1178 — La Curiosité punie, in-fol. par *Schwab*. Belle ép., marge.

1179 — Le Réveil maladroit, in-fol. par *Dupuis*. Très belle ép.

1180 — Les Intrigues amoureuses, in-fol. par *Halbou*. Très belle ép.

1181 — Le miroir brisé, in-fol. par *Chevillet*. Superbe ép. avant la lettre.

1182 — L'Origine de la peinture ou les portraits à la mode. Très belle ép., par *Ouvrier*, in-fol.

1183 — Les Balanceuses, in-4 en travers, par *Germain*. Superbe ép., marge.

1184 — La brouette par terre. — Le chariot renversé. 2 p. petit in-fol. en travers, par *Varin*. Superbes ép., grande marge.

1185 — Carême prenant, in-fol. par *Voyez*. Très belle ép., petite marge.

1186 **Schmidt.** Groupe antique, le satyre, ép. sur chine non fixé, rond équarri, in-4, très rare.

1187 **Schmidt** (d'après Martin). Musicien en buste et autre buste d'homme avec bonnet de fourrure. 2 p. in-4 par *Landerer*. Très belles ép.

1188 **Schmuzer** Ulysse enlevant le fils d'Andromaque, d'après le prince *Albert de Saxe*. in-fol. Très belle ép.

1189 — Mutius Scevola brûlant son poing devant Porsenna, grand in-fol. d'après *Rubens*.

1190 **Schultze.** Vénus et l'amour, d'après *Jules Romain*, in-fol. avant la dédicace. Superbe ép. grande marge.

1191 **Scotin.** Danse d'Arlequin et de Colombine, immense in-fol, très rare. Collection Behague.

1192 **Sicardi** (d'après). Oh! che fortuna: l'Amour avec sa flèche casse la tirelire d'une jeune fille, ovale in-fol. Superbe ép. avant toute lettre, toute marge.

1193 — Oh! che Boccone! — Oh! che Gusto! — Come la trovate? 3 p. ovales, in-fol. par *Copia*. Superbes ép. en bistre, petite marge. Collection de Corneilhan.

1194 — Ne mange pas tout, grand in-fol. par *Mécou*. Belle ép., marge.

1195 — Jeune fille pansant un soldat blessé, très grand in-fol. avant la lettre, par *Roger*.

1196 **Smirke** (d'ap.) Conjugale affection. Très grand in-fol. par *R. Thew*. Très belle ép. C'est Georges III et sa famille.

1197 **Stothard** (d'après). The blind Hermit. Très grand in-fol. par *Wessell*. Très belle ép.

1198 **Strange.** Têtes de Vierge et Ange. 2 p. in-4 d'après *Le Guide*. Superbes.

1199 — *Parmigiani amica*: femme tenant son enfant, in-fol. Très belle ép.

1200 — Imprimis venerare Deos, in-fol. d'après *Schidone*. Superbe ép.

1201 — Diva Magdalena, d'après *Correge*, in-fol. Très belle ép., petite marge.

1202 — L'enfant Jésus pasteur, tenant la couronne d'épines, in-fol. en travers. Très belle ép., grande marge.

1203 — La Vierge adorant l'enfant Jésus qui dort. *Amoris Primitiæ*, in-fol. Très belle ép., grande marge.

1204 — Abraham renvoyant Agar, d'après *Guerchin*, grand in-fol., grande marge. Superbe ép.

1205 — Joseph et la femme de Putiphar, d'après *Le Guide*, grand in-fol. Superbe ép.

1206 — Esther et Assuerus, d'après *Guerchin*, grand in-fol., grande marge. Superbe ép.

1207 — Le retour du marché, in-fol. en hauteur, d'après *Wouvermans*. Très belle ép.

1208 — Romulus et Remus sur le bord du Tibre. César répudie Pompeia et reçoit calpurnia pour sa femme. 2 p., grand in-fol. d'après *Beretin de Cortone*. Très belles ép.

1209 — Cléopâtre à mi-corps, d'après *Le Guide*. Très belle ép., grand in-fol.

1210 — Cléopâtre en pied, in-fol. d'après *Le Guide*. Très belle ép. avant toute lettre.

1211 — La même avec la lettre. Superbe ép., grande marge.

1212 — La même. — La Fortune. 2 p. in-fol., d'après *Le Guide*. Collées.

1213 — Belisaire, d'après *Salvator Rosa*, in-fol. Belle ép.

1214 — La Douceur, — La Justice. 2 p. in-fol., d'après *Raphaël.*

1215 — Liberality and Modesty, in-fol. d'après *Le Guide*, marge.

1216 — Apollon récompensant le Mérite et punissant l'Arrogance, in-fol., d'ap. *André Sacchi.*

1217 — Le Jugement d'Hercule, in-fol. d'après *N. Poussin*, superbe ép., marge. Collection Camberlyn.

1218 — Laomédon, roi de Troie, surpris par Neptune et Apollon, in-fol. Très belle ép., petite marge.

1219 — L'Amour, d'après *C. Vanloo.* Qu'il est malin, qu'il a d'appas! in fol., très-belle ép.

1220 — La Toilette de Vénus par les Grâces, in-fol. Très belle ép. d'après *Le Guide.*

1221 — Les Trois enfants de Charles Ier, d'ap. *Van Dick*, in-fol. en travers. Très belle ép.

1222 — Enfant dormant, d'après *Van Dick*, in-fol. en travers. Très belle ép.

1223 — L'Amour dormant, d'après *Guido Reni*, in-fol.

1224 — Vénus et Danaé, 2 p. d'ap. *Titien*, in-fol. Très belles ép.

1225 — La Mort de Didon sur le bucher, d'ap. *Guerchin*, grand in-fol. Très belle ép., les marges piquées d'humidité.

1226 — Vénus et Adonis, grand in-fol. d'après *Titien*, superbe épr., marge.

1227 — Apothéose d'Octave et d'Alfred, princes d'Angleterre, très grand in-fol. d'après *Benjamin West*. Superbe ép., grande marge.

1228 **Surugue** 1744. L'Hyver, jolie femme avec manchon, in-4. Très belle ép.

1229 — La Sçavante, in-4, belle ép., marge.

1230 **Surugue** le fils, 1747. Ce dépit n'est point redoutable, d'après *C. Coypel*. Jolie femme en colère qui donne des pichenettes au portrait de son amant. Magnifique ép., belle marge. 1er état chez Surugue.

1231 — L'Amour indiscret, petit in-fol., d'après *N. Vleughels*. Très belle ép., marge.

1232 **Tanjé**. Joseph et Mme Putiphar in-fol., d'ap. *Cignani*. Superbe ép., grande marge.

1233 — Danse d'Amours, d'après l'*Albane*. Grand in-fol.

1234 **Taraval** (J. G.). Le Pape portant le Saint Sacrement le jour de la Fête-Dieu à Rome, 1788, d'ap. *Le Sueur*.

1235 **Taraval** (d'après). Le gouverneur du Sérail choisissant les femmes, in-fol., par *Le Mire*. Superbe ép. Collection Leblond.

1236 **Tersonier** (d'après). Le Surveillant malin, in-fol., par *Delatre*, rare.

1237 **Theolon** (d'après). Invocation à l'Amour, par *Guttemberg*. Très belle ép., in-fol.

1238 **Tomkins**. Vénus et l'Amour, in-fol., d'après *Hopner*. Très belle ép., avant toute lettre, toute marge.

1239 **Tournière** (d'après). Flore, in-4, par *Chateau*. Très belle ép.

1240 **Touzé** (d'après). Les Amusements dangereux, par *Voyez* le jeune, in-fol.

1241 — La Présidente de Tourvel, in-fol. Très belle ép.

1242 **Trière**. Vénus et l'Amour, in-4, en travers, d'après *Alex. Allori*, avant la bordure. Superbe ép., toute marge.

1243 **Trinquesse** (d'après). L'Irrésolution ou la Confidence. Jolie pièce par *Pierron*, in-fol. Superbe ép.

1244 **Troost** (d'après). Proposition de mariage aux parents de Sarotte. — Déclaration d'amour de René à Sarotte, 2 p. in-fol., par *Punt* et *Tanjé*. Superbe ép., marge.

1245 — Les Abusés, grand in-fol., par *Delfos*.

1246 — Divertissement de la Foire d'Amsterdam, grand in-fol. en travers, par *Houbraken*. Très belle ép.

1247 — Les Noces de Clorus et Rosette, grand in-fol., par *Tanjé*. Belle ép., marge.

1248 **Valogny** (de). Jeune fille filant au fuseau. Charmante eau-forte, in-4, d'après *Boucher*. Superbe ép., très rare.

1249 **Valperga**. La Correction conjugale, in-fol., avant la lettre d'après *A. E. Gérardin*. Magnifique ép. Collection Mulbacher.

1250 — La Correction conjugale, in-fol., avec la lettre. Très belle ép.

1251 **Vangelisty.** Jolie femme coiffée avec des roses, tenant des cerises, charmante petite pièce ovale, marge.

1252 — Pyrame et Thisbé, grand in-fol., d'après *le Guide*. Très belle ép., marge.

1253 — L'Amour empressé (Enlèvement d'Europe). Grand in-fol., d'après *Vien*. Superbe ép., toute marge. Collection Roth.

1254 **Vangorp** (d'après). Ils sont éclos, in-fol., par *Honoré*. Très belle ép. Collection Mulbacher.

1255 — Ah ! le voilà, in-fol., par *N. Gerard*. Très belle ép.

1256 — La Surprise, scène de famille, in-fol., en travers. Très belle ép., avant la lettre, par *Honoré*, marge.

1257 **Vanloo** (d'après Amédée). Échec et Mat, grand in-fol., par *Henriquez*, 1768.

1258 **Vanloo** (d'après J. B.). Diane et Endymion, par *J. Ch. Le Vasseur*, in-fol. Très belle ép. Collection Roth.

1259 **Vanloo** (d'après C.). L'Élève dessinateur, par *Angélique Bregeon*, 1764. Belle ép., marge.

1260 — La Musique, in-fol., par *Fessard*.

1261 — The chaste Susanah, in-fol., par *Scoroudoombw*.

1262 — Christ en croix, dirigé à droite, par *Delgorgue*. Il s'est offert lui-même, petit in-fol. Belle ép. Collection Roth.

1263 — Saint Grégoire distribue son bien aux pauvres, par *Romanet*. — Saint Grégoire retiré dans une caverne, par *Moles*. — Saint Grégoire retiré dans une caverne, avant la lettre. — Saint Grégoire étant pape, par *Miger*. — Saint Grégoire dictant ses mémoires, par *Fr Dupuis*, — et autres avant toute lettre, en tout 7 p., dont 2 avec la lettre. Très belles ép., in-fol. Collection Roth.

1264 — Le Coucher à l'italienne, petit in-fol, par *I****. Très belle ép., toute marge.

1265 — Mars et Vénus, par *Levasseur*. Superbe ép. in-fol. Collection Roth.

1266 — Mars et Vénus, petit in-fol., par *Ravenet*. Très belle ép., marge.

1267 — La Baigneuse, grand in-fol., par *Romanet*, 1784. Superbe ép., avant la lettre, marge.

1268 — Diane surprise au bain, grand in-fol., avant toute lettre. Très belle ép.

1269 — Les Baigneuses, par *Lempereur*, in-fol Superbe ép. avant toute lettre. Collection Leblanc.

1270 — Les Graces, par *Pasquier*, in-fol. Très belle ép., marge. Collection Roth.

1271 — Contrat de Mariage, par *René-Elisabeth-Marlié Lépicié*, chez la veuve Lépicié. — Contrat de Mariage, chez la veuve de F. Chereau, 2 p. in-fol. Collection Roth.

1272 — La Tragédie, in-fol., en travers, par *Salvador*, marge.

1273 — La Comédie, tiré du cabinet de Mme de Pompadour, in-fol. Superbe ép., toute marge.

1274 — Vénus désarmant l'Amour, in-fol., par *Henriquez*. Superbe ép., avant la lettre, marge.

1275 — Jupiter et Antiope, par *Fessard*, in-fol.

1276 — Bacha faisant peindre sa maîtresse, grand in-fol., par *Lépicié*. Belle ép. d'un noir bistré, marge.

1277 — Le concert du grand Sultan, grand in-fol., par *Littret*. Belle ép. d'un noir bistré, marge.

1278 **Varin** (C.), Occupation champêtre. Jolie pièce. Très grand in-8. Très belle ép.

1279 **Varin** (C. N.). L'Aventure de Philopœmen, in-4. en travers, tiré de la Galerie du Palais-Royal. Superbe ép., toute marge.

1280 **Varin** frères. Vue du Palais-Royal, des Galeries et du Jardin, in-fol., d'après le chev. de *Lespinasse*. Très belle ép.

1281 **Vernet** (d'après Joseph). Promenade du soir. — L'Officier en promenade du midi, 2 p., toute marge. — L'agréable Société, 3. p. in-4, gravées à l'eau-forte, par Moreau et terminées par *Le Bas*. Superbes ép. Collection Mulbacher.

1282 — La Grecque sortante du bain, in-fol., par *Daullé*. Belle ép.

1283 — Le Calme, par *Balechou*. Très belle ép., grand in-fol.

1284 — La Tempête, grand in-fol., par *Balechou*.

1285 — Vue de la ville et du port de Bordeaux prise du côté des Salinières, grand in-fol., par *Corwil*. Très belle ép., toute marge.

1286 **Vernet** (d'après Joseph). Les Ports de France:

— 1. Le Port neuf, ou l'Arsenal de Toulon, vu du Parc d'artillerie.

— 2. L'Intérieur du port de Marseille, vu du pavillon de l'Horloge du parc.

— 3. La Madrague, ou la pêche du thon, vu du golfe de Bandol.

— 5. Le Port Vieux de Toulon, vu du côté des Magasins aux vivres, 1762.

— 6. La ville et la rade de Toulon, vues à mi-côte de la montagne.

— 7. Le port d'Antibes, en Provence, vu du côté de la terre.

— 8. Le port de Cette, en Languedoc, vu du côté de la mer, derrière la Jetée.

— 9. Vue de la ville et du port de Bordeaux, prise du côté des Salinières, 1764.

— 10. Vue de la ville et du port de Bordeaux, prise du château Trompette.

— 11. Vue de la ville et du port de Bordeaux, prise du glacis de la citadelle.

— 12. Vue de la ville et du port de Bayonne, prise de l'allée de Boufflers.

— 13. Le port de Rochefort, vu du Magasin des colonies.

— 14. Le port de la Rochelle, vu de la petite rive, 13 p. Très grand in-fol. Superbes ép. d'eau-forte pure, par *Cochin* et *Le Bas*. Très grandes marges, très rares de cet état.

1287 — Les Ports de France, avec la lettre, grand in-fol., par *Cochin* et *Le Bas*. 1. Toulon. — 2. Marseille. — 3. La Madrague. — 4. Marseille. — 5. Toulon. — 6. Rade de Toulon. — 7. Antibes. — 9. Bordeaux. — 10. Bordeaux, prise du chateau Trompette. — 11. Bayonne. — 12. Bayonne, prise de l'allée de Boufflers. — 13. Rochefort. — 14. La Rochelle. — 13 p. Très belles ép., marge. — 15. Dieppe. — 8. Cette, ces 2 p., sont malades et sans marge, en tout 15 p.

1288 **Vernet** (d'après Carle). Les Gastronomes sans argent, petit in-fol., par *Commarieux*.

1289 — La fin des Gastronomes, petit in-fol., par *Debucourt*,, toute marge.

1290 — Les Ennuyés chez eux (café Procope?) in-fol. en travers, par *Coqueret*. Superbe ép., avant toute lettre, toute marge.

1291 **Vien**. Loth et ses filles, petit in-fol., en travers, eau-forte originale. Très belle ép.

1292 **Vien** (d'après J.). Jeune femme prenant des fleurs dans un vase, petit in-fol., par *Joseph Marchand*, 1768. Superbe ép., avant la lettre.

1293 **Vinkeles**. Auditoire dans l'édifice de la Société Félix Meritis à Amsterdam, jolis costumes, grand in-fol. Superbe ép. petite marge. Collection Laberaudière.

1294 — Salle de concert dans l'édifice de la Société Félix Meritis à Amsterdam, grande réunion et jolis costumes, grand in-fol. Superbe ép. Collection Laberaudière.

1295 **Volpato.** Les bosquets d'Arcadie. Danse de bergers et bergères en riches costumes. Charmante composition, d'après *Petitot*, in-fol. Très belle ép., petite marge.

1296 **Voyez** (N. J.) le jeune. Attrais séducteur, in-4, toute marge. Belle ép.

1297 — Jeune fille les mains croisées sur la poitrine. Très belle ép., avant la lettre, petit in-fol.

1298 **Voyez** l'aîné. Angélique et Médore, d'après *Blanchard*, in-fol., marge. Superbe ép., avant la lettre. Collection Behague.

1299 **Ward.** Temptation. Jolie femme regardant par dessus son éventail. Charmante pièce, d'après *Ramberg*, petit in-fol., ovale en travers. Superbe ép., toute marge.

1300 — *Rustic Felicity*. Grand in-fol. Très belle.

1301 **Watteau** (d'après). Titre de son œuvre, in-fol. Cartouche orné de têtes. Superbe et rare ép., avant la lettre, marge. Collection Mulbacher.

1302 **Watteau.** Son portrait *ipse se pinxit*. Très belle ép., in-4, par *L. Crépy filius*. Superbe ép. avec quatre vers., marge.

1303 — M. de Julienne jouant du violoncelle près de Watteau dans un jardin, par *Tardieu*. Superbe ép., in-fol. Catalogue de Veze (4).

1304 — Le Promeneur regardant au fond, eau-forte originale, in-8, en rouge chez Joullain, marge.

1305 — La Troupe italienne (R. D. 8): Les habits sont italiens, eau-forte originale, retouchée au burin, par *Simmoneau*, in-fol.. chez Sirois. Superbe ép., toute marge.

1306 — La Troupe italienne, eau-forte, par *Boucher* (P. de B. 151), in-fol. Superbe ép. Collection Camberlyn.

1307 — Les Habits sont italiens, collé. — Sous un habit de Mezetin, toute marge, 2 p. copies.

1308 — Fac-simile de dessin. Jeune fille en buste, un turc, costumes de femmes. etc., 5 p. Très belles.

1309 — La plus belle des fleurs ne dure qu'un matin, in-4. Très belle ép., d'une très jolie pièce, par *Liotard*, marge.

1310 — La Sculpture. — La Peinture. 2 sujets de Singes, in-4, par *Desplaces*, imp. sur la même feuille Très grand in-fol., marge vierge. Collection Didot. Très belles ép.

1311 — Prenez des Pilules, prenez des Pilules, fac-simile de dessin, charge sur un médecin, *A. P. Fecit*, 1739. Petit in-fol. Superbe et très rare.

1312 — Le petit Sabotier, petit in-fol. Belle ép., très rare.

1313 — La Marmote. — La Fileuse. 2 p. petit in-fol., par *B. Audran*, imp. sur la même feuille. Superbes ép., toute marge.

1314 — Le Docteur, par *B. Audran*, petit in-fol. Superbe ép., petite marge.

1315 — L'Amante inquiète, petit in-fol., par *P. Aveline*. Superbe ép., toute marge. Collection Behague.

1316 — L'Indifférent, petit in-fol., par *G. Scotin*. Superbe.

1317 — La Finette, petit in-fol. Très belle ép., par *B. Audran*, toute marge.

1318 — Mezetin, petit in-fol., par *B. Audran*. Superbe ép., marge.

1319 — Le Rendez-Vous, par *B. Audran*, petit in-fol. Superbe ép., toute marge.

1320 — Le Tête-à-Tête?, par *B. Audran*. — L'Amante inquiète. 2 p. petit in-fol.

1321 — Au faible effort que fait Iris pour se défendre, etc., petit in-fol., par *Cochin*, belle ép., marge, 1er état, chez Gersaint.

1322 — Le même. Le Conteur, chez *Chereau*. Superbe ép., toute marge, grand in-fol. Collection Didot.

1323 — Portrait de J.-B. Rebel, compositeur de la chambre du Roy, et maître de musique de l'Académie royale, in-fol., par *I. Moyreau*. Superbe.

1324 — Le Sommeil dangereux, in-fol., par *Liotard*, p. gracieuse, très belle ép., rare. Collection Camberlyn. (De V. 33.)

1325 — Le Chat Malade, par *J.-E. Liotard*, in-fol. Superbe ép., toute marge, rare.

1326 — Le Lorgneur, in-fol., par *Scotin*. Superbe ép., marge.

1327 — Le Lorgneur, in-fol., par *Scotin*. Superbe.

1328 — L'Accord parfait, in-fol., par *Baron*. Magnifique ép., marge vierge. Collection Roth.

1329 — La Diseuse d'aventure, in-fol., par *Cars*. Superbe ép., toute marge.

1330 — Voulez-vous triompher des belles? débitez-leur des bagatelles, par *Thomassin*, in-fol. Superbe ép., marge.

1331 — Harlequin jaloux, in-fol., par *Chedel*. Superbe ép., toute marge.

1332 — Triomphe de Vénus sur la mer, entourée de trois nayades, in-fol., par *P. M.* (Phil. Mercier.) Belle ép., très rare.

1333 — La Surprise, par *B. Audran*, in-fol. Superbe ép.. grande marge.

1334 — La Famille, par *Aveline* (120). Charmante composition, superbe ép., in-fol., toute marge. Collection Behague.

1335 — La Sérénade italienne, par *Scotin*, belle ép., in-fol.

1336 — Le Concert champêtre, par *B. Audran*. in-fol. Sup. ép., marge vierge. (De V. 123.) Collection Roth.

1337 — Le Repas de campagne, par *Desplaces* (121). Superbe ép., in-fol., marge vierge. Collection Roth.

1338 — Pomone, in-fol., par *Boucher*. Superbe ép. marge.

1339 — L'Alliance de la musique et de la comédie, in-fol., par *J. Moyreau*. Superbe ép., marge vierge. Collection Roth.

1340 — Retour de chasse, par *B. Audran*. In-fol. C'est le portrait de Mme de Vermenton en pied. Superbe ép., grande marge.

1341 — La Colation, par *Moyreau*. Charmante composition, très belle ép., marge.

1342 — La Cascade, in-fol., par *G. Scotin*. Très belle ép.

1343 — Fêtes vénitiennes, grand in-fol., par *L. Cars*. Superbe ép., toute marge

1344 — Les Agréments de l'été, grand in-fol., par *Joulin*. Superbe ép., petite marge.

1345 — L'Amour désarmé, grand in-fol., par *B. Audran*. Superbe ép., toute marge.

1346 — Bon voyage, petit in-fol. en travers, par *B. Audran*. Superbe ép., toute marge.

1347 — L'Aventurière, petit in-fol., Superbe ép., par *B. Audran*, toute marge. Collection Didot.

1348 — L'Enchanteur, petit in-fol. Superbe ép., toute marge. Collection Didot.

1349 — Arlequin, Pierrot et Scapin, cinq figures à mi-corps, petit in-fol., par *Surugue*. Très belle ép., toute marge.

1350 — Pour nous prouver que cette belle, cinq figures à mi-corps, petit in-fol., par *Surugue*. Très belle ép., marge.

1351 — Coquettes qui pour voir galants au rendez-vous, gravé par *Thomassin*. Magnifique ép., petit in-fol. Collection Didot.

1352 — Du bel âge où les yeux remplissent vos désirs, gravé par *Moyreau*. Magnifique ép., petit in-fol. Quatre figures à mi-corps.

1353 — Iris, c'est de bonne heure avoir l'air à la danse (137). Superbe ép. avec l'adresse de Chereau, marge. Collection Camberlin.

1354 — Spectacle français, par *Dupin*. Petit in-fol., rare.

1355 — L'Emploi du bel âge, petit in-fol., par *Aveline*.

1356 — Les Agréments de l'été, petit in-fol., par *J. de Favannes*, marge.

1357 — (L'Hiver). Patineurs et Traîneau sur la glace. Fac-simile de dessin, par *Boucher*, petit in-fol.

1358 — Belles n'écoutez rien, arlequin est un traitre. — Pour garder l'honneur d'une belle. 2 p. petit in-fol, par *Cochin*, très belles ép., chez Sirois, marge vierge.

1359 — Le Marais, in-fol., par *Jacob*. Superbe ép., marge vierge. Collection Didot.

1360 — L'Abreuvoir, in-fol., par *Jacob*. Superbe ép., marge vierge. Collection Didot.

1361 — La Ruine, in-fol., par *Baquoy*. Superbe ép., marge vierge. Collection Didot.

1362 — Acis et Galathé. — Chasse aux oiseaux. 2 p. in-fol., par *C*. Très belles ép.

1363 — La Déesse Thvo-Chvu. — Idole de la Déesse Ki-Mao-Sao. — Habillement des habitants de la province de Hou-Kouan. — Habillements de ceux de Soutchovene. 4 p. in-fol., par *Aubert*. Superbes ép., marges vierges. Collection Roth.

1364 — (Le Malade imaginaire). Qu'ai-je fait assassins maudits, in-fol., par *Joullain*. Collection Leblanc.

1365 — Le Naufrage de Watteau à son retour en France, par le *Comte de Caylus*, in-fol., très grande marge. Superbe ép., rare.

1366 — Le Printemps, par *Brillon*. — L'été, par *Moireau*. — L'Automne, par *J. Audran*. — L'Hiver, par *de Larmessin*. 4 p. in-fol. Très belles ép., collection Didot.

1367 — Les deux Cousines, par *Baron*. Jolie p. du maître, très belle ép., rare, grande marge.

1368 — Diane au bain, par *Aveline*. in-fol.

1369 — Les Fatigues de la guerre, in-fol., par *Scotin*. Superbe ép., toute marge.

1370 — Halte (25). — Défilé (26). — 2 p., par *Moyreau*. Superbes ép., marge.

1371 — Camp volant, grand in-fol., par *Cochin*. Superbe ép., grande marge. Collection Didot.

1372 — L'amant repoussé, in-fol., par *P. Mercier*. Très belle ép., très rare.

1373 — Départ pour les îles, in-fol., par *Dupin*. Superbe ép., toute marge.

1374 — La Danse champêtre, in-fol., par *Dupin*. Superbe ép., marge.

1375 — La Game d'amour, par *Le Bas*. Superbe ép. d'une jolie pièce, rare, in-fol., toute marge. Collection Behague.

1376 — L'Indiscret, par *Aubert*. (L'idée est tirée de l'Espiègle de Rembraud.) Superbe ép., très grande marge, in-fol.

1377 — Les Champs-Élysées, par *Tardieu*, in-fol. Très belle ép.

1378 — Le Bosquet de Bacchus, par *Cochin*. Superbe ép., in-fol.

1379 — Récréation italienne, par *Aveline*. In-fol., très belle ép.

1380 — Comédiens français, in-fol., par *Joannes Micael Liotard*. Superbe ép.

1381 — Comédiens italiens, in-fol., par *Baron*. Très belle ép.

1382 — Départ des Comédiens italiens en 1697, in-fol., par *L. Jacob*. Superbe ép., toute marge. Collection Leblanc.

1383 — L'Occupation selon l'âge, grand in-fol., par *Dupuis*. Magnifique ép., marge.

1384 — Les Enfants de Bacchus, par *Fessard*. Les Enfants de Silène, par *Dupin*. 2 p. grand in-fol. Superbes ép., toute marge. Collection Didot.

1385 — L'Amour mal accompagné, grand in-fol., par *Dupin*. Superbe ép., marge.

1386 — Les Amusements de Cythère, grand in-fol., par *Surugue*. Superbe ép., grande marge.

1387 — Antoine de la Roque, grand in-fol. Assis dans un jardin, au fond des nymphes, par *Lépicié*. Superbe.

1388 — La Proposition embarrassante, grand in-fol., par *Tardieu*, belle ép., marge.

1389 — La même Contrepartie, par *Keyl*, grand in-fol., très grande marge.

1390 — Le Colin-Maillard, grand in-fol., par *Brion*. Superbe ép., toute marge. Collection Behague.

1391 — Le Plaisir pastoral, grand in-fol., Superbe ép., par *Tardieu*, marge vierge. Collection Roth.

1392 — La Conversation, par *Liotard*, grand in-fol. Superbe ép., toute marge.

1393 — Le Passe-temps, par *B. Audran*, grand in-fol. Superbe ép., toute marge.

1394 — L'Amour paisible, par *Baron*, grand in-fol. Superbe ép.

1395 — La Contredanse, grand in-fol., par *Brion*. Très belle ép., sans marge.

1396 — La Partie carrée, grand in-fol., par *J. Moyreau*. Très belle ép., marge.

1397 — Pierrot content, par *E. Jeaurat*. — Le même sujet contrepartie, superbe ép., remargée, 2 p. grand in-fol.

1398 — Les Jaloux, grand in-fol., par *Scotin*, superbe ép., marge. Collection Roth.

1399 — L'Ile de Cythère, par *Larmessin*. Très belle ép., grand in-fol.

1400 — Leçon d'amour, par *Dupuis*. Superbe ép., toute marge.

1401 — Amusements champêtres, grand in-fol., par *B. Audran*. Superbe ép.

1402 — Les Charmes de la vie, grand in-fol., par *Aveline*. Superbe ép., grande marge.

1403 — Louis XIV mettant le cordon bleu à M. de Bourgogne, par *de Larmessin*, in-fol. Très belle ép.

1404 — Fête au dieu Pan, par *Aubert*, grand in-fol. Très belle ép., marge.

1405 — L'Ile enchantée, par *Le Bas*. Très belle ép., grand in-fol., grande marge.

1406 — L'Amour au Théâtre-Français, grand in-fol., par *Cochin*. Très belle ép., toute marge.

1407 — L'Amour au Théâtre-Italien, grand in-fol., par *Cochin*. Très belle ép., petite marge.

1408 — Réunion de quinze acteurs du Théâtre-Français dans la campagne, qui regardent un chien qui taquine des canards, eau-forte, grand in-fol. par *P. Mercier*.

1409 — Les Amusements italiens, grand in-fol., par *Ransonnette*. Très belle ép. Collection Leblond.

1410 — L'Assemblée galante, par *Le Bas*, grand in-fol. Superbe ép., toute marge. Collection Roth.

1411 — La Musette, grand in-fol., par *Moyreau*, belle ép.

1412 — Rendez-vous de chasse, par *Aubert* (178). Superbe ép. grand in-fol., marge.

1413 — Le Bal champêtre, très grand in-fol., par *Scotin*, remargé.

1414 — Promenade sur les remparts, très grand in-fol., par *Aubert*. Superbe ép.

1415 — Départ de garnison, très grand in-fol., par *Ravenet*. Très belle ép.

1416 **Watteau**. Les Plaisirs de l'été, gravés par *Picot*. Scène de baigneuses, très grand in-fol., très belle ép.

1417 — La Partie carrée, par *Moyreau*, grand in-fol., sans marge.

1418 — Les Plaisirs du bal, très grand in-fol., par *Scotin*, remargé comme Chine.

1419 — Embarquement pour Cythère, par *Tardieu*, très grand in-fol. Très belle ép. petite marge.

1420 — L'Accordée de village, par *N. de Larmessin*, immense in-fol., très belle ép., petite marge.

1421 — La Signature du contrat de la noce de village, immense in-fol., par *Ant Cardon*. Très belle ép., papier vélin, toute marge.

1422 — La Mariée de village, par *C.-N. Cochin*, immense in-fol. Très belle ép.

1423 — L'Enseigne de Gersaint. Représentant l'intérieur de sa boutique qui se trouvait rue de la Cité au coin du petit pont, immense in-fol., superbe ép. par *Aveline*, avant toute lettre, très rare, collée.

1424 — Livre nouveau de différents trophées, in-4, *Huguier*, 9 p.

1425 — La Pellerine altérée, arabesque in-fol., par *Huquier*, belle ép.

1426 — Le Théâtre. — Le Berceau, 2 p. in-fol., *Huquier*, arabesques. Superbes ép., marges vierges, collection Roth.

1427 — Le Galant, par *B. Audran*. — La Grotte, par *Huquier*, 2 p. in-fol., arabesques, superbes ép., marges vierges. Collection Roth.

1428 — Colombine et Arlequin, arabesque, grand in-fol., par *Moyreau*, superbe ép. marge vierge. Collection Roth.

1429 — Le Dénicheur de moineaux. Arabesque, eau-forte, grand in-fol., par *Boucher*, superbe.

1430 — L'Automme, panneau arabesque, grand in-fol., par *Boucher*, belle ép.

1431 — Les Singes de Mars, panneau arabesque, grand in-fol., par *Moyreau*, magnifique ép., marge vierge. Collection Roth.

1432 — L'Escarpolette, arabesque, grand in-fol., superbe ép., par *Crepy*, marge vierge. Collection Roth.

1433 — La Voltigeuse, arabesque, grand in-fol., *Huquier*, superbe ép., marge vierge. Collection Roth.

1434 — La Balançeuse (2). — Le May (4), grandes arabesques, 2 p., grand in-fol., par *Lebas* et *Aveline*.

1435 — Fête bacchique (1), par *Moyreau*. — Partie de chasse par *Scotin* (3), grandes arabesques, 2 p., grand in-fol. Camberlyn.

1436 — Les Jardins de Cythere. — Divinité chinoise. — Les Jardins de Bacchus. — L'empereur chinois, 4 arabesques, petit in-fol. en travers.

1437 — Le Chasseur content, arabesque, in-fol., par *Huquier*, superbe.

1438 — L'Amusement, arabesque, in-fol., par *Huquier*, superbe.

1439 — Le Printemps. — L'Été. — L'Automme. — L'Hiver, 4 arabesques, in-fol., par *Huquier*, superbes ép. marge.

1440 — La Cause badine, arabesque, grand in-fol. par *Moyreau*. Très belle ép.

1441 — Far Simile de dessins par *Caylus*. Costumes de Guillot, Linde, Hilas, Tircis, Blaize, la belle Javotte, le beau Cleon, Gulboé, Alcantor, Cephise, un Nouvelliste, la Griffe, Me Pierre, Finette et autres, 20 p. in-8. Superbes et toute marge.

1442 — Fac simile de dessins au crayon rouge, reproduit en photographie, 26 p., Londres 1878. Carton, couvert en toile, fers dorés et à froids sur les plats, vol. petit in-fol. superbe.

1443 **Watteau** fils (d'après). Le peintre Lantara, en pied, parlant à ses oiseaux, grand in-4, rare, superbe.

1444 — Jeune dame désœuvrée en apparence, petit in-fol, par *Dupin*, superbe ép., marge. Collection Soleil.

1445 — Uu baiser ou ta rose. — Quoi pas même la main, 2 p., par *Fessard*, petit in-fol. imp. avec cache lettre.

1446 — Le galant Jardinier, par *de Favanues*. — sujet militaire, 2 p., petit in-fol. de la collection Valentin.

1447 **White** (Charles). Love, jolie femme coiffée d'un chapeau à plume, rond in-4, superbe ép. marge. Collection Behaque.

1448 **Wille** (J.-G.) *del. et Sculp*, 1750. Paysanne tenant son enfant, petite pièce in-12, superbe,

1449 — La petite Écolière d'après Schenau. — La Maîtresse d'école, d'après *Wille fils*, 2 p. in-4. Très belles ép.

1450 — Bonne Femme de Normandie. — Sœur de la bonne femme de Normandie, 2 p. in-4, d'après *Wille fils*, belles ép., grandes marges.

1451 — Philosophe du temps passé, d'après *Wille fils*. — Sapeur des gardes suisses, 2 p. in-4. Très belles ép., grandes marges.

1452 — La Tante de Gérard Dow, superbe ép. avant la lettre, grande marge, in-4. Collection Camberlyn.

1453 — La Ménagere hollandaise, in-4, d'après *Gérard Dow*. — Repos de la Vierge, petit in-fol. d'après *Dietricy*, 2 p. Très belles ép. très grandes marges.

1454 — Jeune Joueur d'instrument, petit in-fol. d'après *Schalken*. — Bons Amis, d'après *Ostade*, 2 p. Très grandes marges.

1455 — L'Observateur distrait, d'après *Mieris*. Très belle ép., petit in-fol.

1456 — La Devideuse, mère de Gérard Dow. — La Liseuse, 2 p. in-fol.

1457 — Mort de Cléopâtre, d'après *G. Netscher*, in-fol., superbe ép., marge

1458 — La Tricoteuse hollandaise, d'après *Mieris*. Très belle ép. in-fol., marge.

1459 — Les Soins maternels. — Les Délices maternelles, 2 p. in-fol., d'après *Wille fils*, superbes ép. avec les armes, toute marge.

1460 — Musiciens ambulants, in-fol., d'après *Dietricy*, superbe ép. avant l'*e* au mot électoral. Collection Rignon.

1461 — Les Musiciens ambulants. — Les Offres réciproques, 2 p., d'après *Dietricy*, in-fol. Très belles ép., marge.

1462 — Le Concert de famille, d'après *Schalcken*, in-fol. Très belle ép.

1463 — Le Maréchal-des-Logis, d'après *Wille fils*, grand in-fol., avant la dédicace. Très belle ép.

1464 — Le même avec la dédicace, belle ép., toute marge.

1465 — Agar présentée à Abraham par Sara, d'après *Dietricy*. Magnifique ép. avant toute lettre et avant les armes, sur Chine non fixé, d'une grande rareté, il n'existe que six ép. sur Chine, marge.

1466 — La même avec la lettre, in-fol. Très belle ép., marge.

1467 — La mort de Marc-Antoine, in-fol. Très belle ép. avant toute lettre.

1468 **Wille** (Pierre-Alexandre), fils 1770. La mère et la fille lisant une lettre, eau-forte originale, in-4. Très belle ép. extrêmement rare.

1469 — Groupe d'environ vingt têtes, profils, etc., eau-forte très rare.

1470 — Les vieux Amateurs, réunion de quinze têtes de vieillards et de jeunes femmes, superbe ép., in-fol.

1471 — Petit Vauxhall, dessiné et gravé par lui, 1780. Charmante pièce avec costumes de l'époque. La Belle du jour saluée par les vieux amateurs, in-fol., très belle ép.

1472 **Wille** fils (d'après). L'Agaceante. — La Dissimulée. — La Nonchalante. — La Mystérieuse, 4 p., jolis costumes, petit in-fol., par *Louise Gaillard*. Très belles ép.

1473 — Le Bouton de rose, par *Voyez l'Aîné*. Belle ép., in-fol.

1474 — Amusement du jeune âge, in-fol., par *Chevillet*. Très belle ép. marge.

1475 — La Mère mécontente, in-fol., par *Ingouf*, marge.

1476 — Les Conseils maternels. — La Mère indulgente, 2 p. in-fol., par *Lempereur*, belles ép., marge.

1477 — Le petit Marchand d'orange, par *Chevillet*, très belle ép., marge, in-fol.

1478 — Le temps perdu, in-fol., par *Halbou*, superbe ép., toute marge. Collection Behague.

1479 — Tom Jones, scène théâtrale, in-fol., par *Ingouf*. Très belle ép., in-fol., marge.

1480 — Il a perdu, in-fol., par *Romanet*. Très belle ép., avant la lettre très rare, avec la Fortune pour Fleuron.

1481 — L'Essai du corset. — Dédicace d'un poëme épique, 2 p., in-fol., par *Dennel*. Très belles ép.

1482 — L'Écrivain public, grand in-fol., par *Guttemberg*, très belle ép. marge.

1483 — La Dame bienfaisante, très grand in-fol., superbe ép., avant toute lettre, toute marge. Collection Behague.

1484 — Le Patriote français. — La double récompense du Mérite, 2 p. grand in-fol., gravées par *Avril*, 1784. Très-belles ép., avant la lettre. Collection Mulbacher.

Vve Renou, Maulde et Cock, impr^rs de la Cie des Commissaires-Priseurs, rue de Rivoli, 144. 11695

www.ingramcontent.com/pod-product-compliance
Ingram Content Group UK Ltd.
Pitfield, Milton Keynes, MK11 3LW, UK
UKHW031913260826
14628UKWH00003B/1169

9 782014 460605